Mascha Kauka

Kartoffel & Co.

Redaktion: Mascha Kauka, Ingeborg Pils, Dipl. oec. troph. Andrea Brenner
Fotos: Hans Döring und RV-Officin, Károly Hemzö
Titelmotiv: Sigloch Edition
Gesamtherstellung: NEUER HONOS VERLAG, Köln

Mascha Kauka

Kartoffel & Co.

INHALT

SUPPEN & EINTÖPFE

HAUPTGERICHTE

BEILAGEN

SÜSSES

Die Gesunden?

Wurzeln, Knollen, Zwiebeln – sie gehören zu den ältesten Gemüsepflanzen, die der Mensch sammelte. Sie dienten nicht nur als Nahrungsmittel, sondern man schrieb ihnen auch heilende Wirkung zu. Die dafür verantwortlichen Stoffe konnte die Wissenschaft bis heute zum Großteil benennen und deren Einfluß auf die menschliche Gesundheit bestätigen.

Sicher ist auch: Unser einheimisches Wurzelgemüse versorgt uns reichlich mit lebenswichtigen Vitaminen und Mineralstoffen.

Doch bedeutet das wirklich, daß wir uns damit nur Gesundes auf den Teller holen? Spätestens seit Tschernobyl sind wir verunsichert: Steigern die Nahrungsmittel immer nur unser Wohlbefinden? Diese Frage stellt sich besonders bei den unterirdisch heran reifenden Gemüsearten, die ja direkten Kontakt mit der Erde und mit allen anderen darin enthaltenen Stoffen haben.

Doch zum Glück ist Entwarnung gegeben worden, was die radioaktive Belastung der Ackerböden angeht.

Zudem hat sich zum Schutze des Verbrauchers in Sachen Schadstoff-Verordnungen und Lebensmittelkontrolle in den letzten Jahren einiges getan. Schon seit 1975 regelt das Lebensmittel- und Bedarfsgegenständegesetz die Produktion, Verarbeitung und den Verkauf von Lebensmitteln. Besonderes Augenmerk wird dabei auf den Schutz der Gesundheit des Menschen gelegt. Diesem Grundsatz tragen verschärfte Lebensmittelkontrollen, gesenkte Grenzwerte in der Pflanzenschutz- und Schadstoff-Höchstmengen-Verordnung sowie Verbote besonders gefährlicher Pflanzenschutzmittel Rechnung.

Überwachungsprogramme, sogenannte Monitorings, bei denen verschiedene Lebensmittel über einen langen Zeitraum auf Rückstände untersucht werden, bestätigen die Wirksamkeit dieser Gesetze. Nur wenige Gemüseproben lagen über den vom Bundesgesundheitsamt und der Weltgesundheitsorganisation festgelegten Werten. Auch die Wurzeln und Knollen machen bei diesen Untersuchungen keine Ausnahme.

Völlig frei von Schadstoffen sind sie trotz alledem nicht, doch der gesundheitsfördernde Wert überwiegt bei weitem.

Zusätzlich können Sie selbst bei Einkauf, Lagerung und Zubereitung auf gute Qualität achten, diese bestmöglich erhalten sowie teilweise die schädlichen Stoffe verringern.

Zunächst erfahren Sie was so drin und dran ist an den dicken Knollen. Denn lange Zeit wurden einige Vertreter dieser Gattung mit kulinarischer Mißachtung gestraft. Die Steckrübe erinnert an schlechte Zeiten, und die Kartoffel ist zu Unrecht als Dickmacher verschrien.

Doch die vielfältigen Zubereitungsmöglichkeiten, die Ihnen die Rezepte dieses Buches bieten, werden Sie überzeugen: Wurzeln und Knollen verwöhnen unseren Gaumen und sind noch dazu der Gesundheit zuträglich.

Die Scharfen

Besonders der Meerrettich, aber auch der Rettich und die Radieschen gehören zu den Scharfen unter den Wurzelgemüsen, die uns zuweilen beim Essen die Tränen in die Augen treiben. Dies rührt von den Senfölen her, denen außerdem ein günstiger Einfluß auf die Leber- und Gallentätigkeit nachgesagt wird. Vor dem eigentlichen Essen im Salat oder in der Vorspeise genossen, können sie außerdem ihre appetitanregende Wirkung voll entfalten. Sie enthalten reichlich Vitamin C – der Meerrettich sogar doppelt soviel wie die Zitrone. Dieses Vitamin fördert die Eisenaufnahme im Darm. Weiterhin finden sich erhebliche Mengen Kalium, das als Gegenspieler des Natriums einen positiven Einfluß bei Bluthochdruck hat. Auch Eisen ist enthalten in den Scharfen. Zwar sind Fleisch und Fleischprodukte unbestritten die Eisenlieferanten Nummer eins, denn dieses Eisen liegt in einer besser verwertbaren Form vor. Doch erhöhen auch kleine Mengen aus dem Gemüse unsere Tagesbilanz. Eisen ist Bestandteil des roten Blutfarbstoffes und dort verantwortlich für die Sauerstoffversorgung aller Organe.

Vorzüge auf einen Blick

Die Wurzeln und Knollen enthalten reichlich Ballaststoffe, die sich positiv auf unsere Verdauung auswirken und länger sättigen.

Sie sind reich an lebenswichtigen Vitaminen und Mineralstoffen.

Ihr Kaloriengehalt ist ausgesprochen niedrig; unter 100 kcal pro 100 Gramm Gemüse.

Wurzeln und Knollen sind preiswert einzukaufen, besonders in den Monaten der Haupterntezeit.

Die meisten Vertreter sind typische Wintergemüse, die uns vor allem in der Jahreszeit mit geringerem Frischgemüseangebot mit lebenswichtigen Nährstoffen versorgen.

Gewürz, Gemüse, Heilpflanze

Die Zwiebelfamilie steht in der Beliebtheitsskala neben den Tomaten an vorderster Stelle des bundesdeutschen Gemüseverbrauchs. Zwar ist auch der Knoblauch allgemein bekannt, jedoch wegen seines durchdringenden Geruchs nicht allgemein beliebt. Doch für die anrüchige Knolle sprechen ihre vielen gesundheitsfördernden Inhaltsstoffe und ihr einzigartiges Würzaroma.

Eine Reihe von wissenschaftlichen Befunden weist die Zwiebel und den Knoblauch als milde Antibiotika aus. Auch eine der Arterienverkalkung vorbeugende, gerinnungshemmende Wirkung konnte nachgewiesen werden. Zudem enthalten beide Stoffe, die harntreibend, verdauungsfördernd und appetitanregend wirken. Alle diese Eigenschaften sind auf eine Reihe von schwefelhaltigen Verbindungen zurückzuführen. Das Allicin zum Beispiel ist verantwortlich für den Geruch und die antibiotische Wirkung des Knoblauchs. Eine solche Verbindung ist auch der tränenreizende Faktor in der Zwiebel, der beim Schälen und Schneiden frei wird.

Außerdem enthält die Zwiebel noch beträchtliche Mengen an Vitamin C und an den Mineralstoffen Kalium und Calcium. Letzteres festigt die Knochen wachsender Kinder, aber bewahrt auch die Knochen Erwachsener vor Entmineralisierung. Außerdem ist Calcium für das reibungslose Funktionieren der Muskeln nötig.

Ein nicht ganz so berühmter, ebenfalls zu den Liliengewächsen zählender Vertreter ist der Lauch (Porree). Seine energiearmen grünweißen Stangen liefern ein wohlschmeckendes Gemüse, das Vitamin C und eine Reihe von Mineralstoffen wie

Kalium, Calcium, Magnesium und Phosphor enthält. Seine ätherischen Öle regen ebenfalls den Appetit an und fördern die Verdauung.

Die tolle Knolle

Die Kartoffel zählt zu den wichtigsten Grundnahrungsmitteln. Als solches fristet sie jedoch ein Schattendasein in Form von Beilagen wie zum Beispiel Pell- oder Salzkartoffeln. Ihre vielfältigen Zubereitungsmöglichkeiten werden häufig außer acht gelassen. Das ist besonders schade, weil die Kartoffel über ein umfangreiches Depot an lebenswichtigen Inhaltsstoffen verfügt. Erwähnenswert ist der hohe Vitamin-C-Gehalt der Erdäpfel sowie ihre hohe Eiweißqualität. Kombiniert mit Ei oder Milch, ist diese sogar hochwertiger als die von Fleisch. Mit 70 kcal pro 100 Gramm ist die Kartoffel außerdem noch höchst kalorienarm. Zudem genügt ihr hoher Kohlenhydratanteil den Forderungen der Ernährungswissenschaft nach einer kohlenhydratreichen Kost.

Wie alle Wurzeln und Knollen enthält auch die Kartoffel zwischen 2 und 3 Gramm Ballaststoffe in 100 Gramm. Da Ballaststoffe einen wesentlichen Beitrag zur Regelung unserer Verdauung leisten und außerdem den Cholesterinspiegel senken können, ist die gesunde Knolle auch in diesem Sinne ein ideales Nahrungsmittel.

Als Dickmacher ist die Kartoffel also völlig zu Unrecht verrufen. Doch auch die gesunde Knolle wird mit fetten Saucen, als Chips oder Pommes frites zur Kalorienbombe. Die Kartoffel ist unschuldig.

Tips für den richtigen Einkauf

Durch die richtige Wahl können Sie selbst entscheidend dazu beitragen, Lebensmittel mit geringer Schadstoffbelastung und guter Qualität einzukaufen.

Allgemein gilt: je kürzer der Transport, desto frischer das Produkt. Ideal wäre es deshalb, direkt beim Erzeuger einzukaufen. Da dies nur selten möglich ist, sollten Sie bei Ihrem Obsthändler oder Supermarkt auf das Herkunftsland achten; zu dieser Angabe sind die Händler gesetzlich verpflichtet.

Ebenfalls einen wichtigen Hinweis auf Frische gibt die Haupterntesaison des jeweiligen Gemüses (siehe dazu Tabelle). Möhren, Kartoffeln und Zwiebeln erleiden bei sachgemäßer Lagerung in Großlagern nur geringfügige Qualitätseinbußen. Sie lassen sich daher gut überwintern und sind so das ganze Jahr über in annähernd gleicher Qualität auf dem Markt erhältlich.

Bei Radieschen zum Beispiel gibt der Zustand des Laubs Auskunft über die Frische. Sind die Blätter welk, sollten Sie die Radieschen besser nicht kaufen, denn das bedeutet nicht nur einen optischen Mangel, sondern auch erhebliche Vitaminverluste.

Gleiches gilt für nicht mehr knackige Knollen und Wurzeln. Meist ist dies ein Zeichen für eine falsche Lagertemperatur. Denn auch im Laden darf es dem Gemüse nicht zu warm werden, sonst wird es schlapp. Deshalb sollte der

Händler das Frischgemüse wenigstens in der Nacht in einem Kühlraum lagern.

Besonders empfindlich auf falsche Lagerung reagiert die Kartoffel. Wird sie zu kalt gelagert, wandelt sich die Stärke in Zucker um, und die Kartoffel schmeckt süß. Lagert sie zu warm, keimt sie aus oder fault.

Um böse Überraschungen beim Öffnen von vorverpackter Ware zu vermeiden, empfiehlt es sich, das Gemüse lose zu kaufen. So können Sie die Größe, das Aussehen und die Qualität besser beurteilen.

Achten Sie auch auf den Standort, an dem die Ware angeboten wird, da an verkehrsreichen Straßen erhebliche Mengen von Abgasgiften an die offenen Nahrungsmittel gelangen können.

Die Lagerung im Haushalt

Um auch zu Hause das so sorgfältig ausgewählte Gemüse mit seinen wichtigen Nährstoffen zu erhalten, erfahren Sie hier etwas über die richtige Lagerung und Zubereitung.

Die meisten Haushalte haben heute keine Möglichkeit mehr, große Gemüsemengen im Keller oder in Erdmieten einzulagern. Diese Aufgabe übernehmen jetzt Großlager, in denen die Bedingungen den Bedürfnissen der einzelnen Gemüsesorte exakt angepaßt werden können. Hierbei kann die Qualität länger erhalten werden als im Haushaltskühlschrank. Deshalb beschränkt sich die Lagerung dort nur auf kurze Zeit. Aber auch dabei gibt es einiges zu beachten.

Die Möhre braucht Fett
Das Carotin, das im Körper zu Vitamin A umgewandelt wird, ist wichtigster Bestandteil der Möhre.
Dieses ist wichtig für die Sehkraft und den Hautstoffwechsel.
Da Carotin ein fettlösliches Provitamin ist, kann es nur in Verbindung mit Fett im Darm aufgenommen werden.
Denken Sie deshalb beim nächsten Rohkostsalat an einen Schuß Öl.
Aus der zerkleinerten oder gekochten Möhre ist das Carotin am besten verfügbar. Auch hier sollte ein wenig Fett, wie Butter, Sahne oder Milch, in der Sauce sein.
100 Gramm Möhre enthalten 12 Milligramm Carotin, diese Menge deckt bei vollständiger Aufnahme den Tagesbedarf eines Erwachsenen an Vitamin A.

Bewahren Sie Zwiebeln und Kartoffeln lose im Gemüsefach des Kühlschranks auf. Alle anderen Wurzelgemüse bevorzugen eine höhere Luftfeuchtigkeit und bleiben deshalb, in gelochte Plastikfolie eingeschlagen, länger frisch. Kontrollieren Sie aber alle 2–3 Tage, ob sich Kondenswasser gebildet hat, und trocknen Sie die Folie gegebenenfalls mit einem Küchentuch, damit keine Fäulnis entsteht.

Fruchtgemüse wie Tomaten oder Paprika geben das Reifungshormon Ethylen ab, das bei den Wurzelgemüsen zum Welken führt. Lagern Sie deshalb Wurzel- und Knollengemüse getrennt von Fruchtgemüse.

Wie bereits im Kapitel Einkauf angesprochen eignen sich Kartoffeln, Möhren und Zwiebeln relativ gut zur Lagerung, Radieschen sind dagegen sehr empfindlich und halten sich nur 1 Tag.

Tip:
Kaufen Sie nur die gerade benötigte Menge ein oder halten Sie nur einen kleinen Vorrat. Auf diese Weise können Sie sich bestmöglich mit frischem, vitaminreichen Gemüse versorgen.

Die schonende Zubereitung

Fast alle Wurzeln und Knollen werden vor dem Verzehr geschält. Auch das verringert Schadstoffe, da sich diese besonders in der Schale ansammeln. Damit die Vitamine nicht verlorengehen, sind allerdings der

Das steckt drin	kcal	Ballaststoffe in g	Vitamin C in mg	Vitamin B_1 in mg	Vitamin B_2 in mg	Kalium in mg	Magnesium in mg	Calcium in mg	Phosphor in mg	Eisen in mg
Kartoffel	70	2,5	10–40	0,11	0,05	445	25	10	50	1
Möhre	26	3,4	–	0,07	0,05	290	18	40	35	2
Meerrettich	60	3,1	115	0,14	0,11	555	35	105	65	1
Zwiebel	32	3,1	8	0,04	0,03	175	11	38	42	0,5
Lauch (Porree)	25	2,3	30	0,1	0,06	225	18	85	45	1
Sellerie	16	4,2	8	0,04	0,07	320	9	70	80	0,5
rote Bete	42	2,5	10	0,02	0,04	335	25	30	45	1
Tagesempfehlung für einen Erwachsenen	2200–2600	30	75	1,1–1,3	1,5–1,7	3000–4000	300–350	800	800	12–18

Quelle: Der kleine Souci, Fachmann, Kraut; Lebensmitteltabelle für die Praxis. Empfehlungen für die Nährstoffzufuhr; Deutsche Gesellschaft für Ernährung

Zeitpunkt des Schälens und die Garmethode wichtig.

Pellkartoffeln sind besonders gesund, weil die Schale beim Kochen vor dem Auslaugen der Vitamine schützt. Wird das Gemüse vor dem Kochen geschält, sollte es in wenig Wasser gedünstet und das Kochwasser für die Sauce mitverwendet werden. Für Salzkartoffeln ist zum Beispiel Dämpfen im Siebeinsatz günstig. Auf diese Weise liegen die Kartoffeln nicht im Wasser und können nicht auslaugen.

Vitaminverluste – besonders bei Vitamin C – entstehen auch durch Hitze. Deshalb empfiehlt es sich, das Gemüse nicht zu weich zu kochen, also bißfest. Die Kochzeit kann aber auch mit Hilfe des Dampfdrucktopfes stark verkürzt werden, wodurch die Vitamine ebenfalls geschont werden. Diese Garmethode eignet sich vor allem für Gemüsesorten mit langer Garzeit wie Kartoffeln oder rote Beten.

Auch beim Warmhalten gehen Vitamine verloren, deshalb ist es am besten, die Speisen frisch zuzubereiten und sofort zu verzehren. Besonders wichtig ist dies bei roten Beten, die relativ viel Nitrat enthalten, das durch Warmhalten oder Aufwärmen in das gesundheitsschädliche Nitrit umgewandelt wird.

Tip:
Gemüsegerichte frisch zubereiten, nicht zu weich kochen und sofort verzehren.

	Jan
Fenchel	
Frühlingszwiebeln	
Kartoffeln	
Knoblauch, frisch	
Kohlrabi	
Lauch/Porree	
Meerrettich	
Möhren	
Pastinaken	
Petersilienwurzeln	
Radieschen	
Rettich	
Rote Bete	
Schalotten	
Schwarzwurzeln	
Sellerieknollen	
Steckrüben	
Teltower Rüben	
Topinambur	
Weiße Rüben	
Zwiebeln	

s/w = Monate geringer Angebote
farbig = Monate starker Angebote

Was wächst wie?

Kleine Warenkunde

Fenchel

Der uns bekannte Gemüsefenchel mit den zwiebelförmig verdickten Blattansätzen hat im Mittelmeerraum angesiedelte, wilde Vorfahren und magere Verwandte, die nur ihre Samen als Gewürz liefern: den Gewürz- oder Pfefferfenchel und den Gartenfenchel.

Die dicken Fenchelknollen sind schon immer ein typisches italienisches Gemüse gewesen. In Mitteleuropa kamen sie erst zu Beginn der 70er Jahre in Mode, erfreuten sich dann aber einer steilen Karriere.

Fenchel schmeckt leicht nach Anis und ist sehr gesund. Er zählt zu den kalorienärmsten Gemüsen, da er fast nur aus Wasser und Zellulose besteht. 100 g Fenchel enthalten 50 Kalorien!

Achten Sie beim Einkauf auf makellose Knollen. Sie sind weiß, haben knackige Stiele und leuchtendgrünes Kraut. Kleine braune Stellen beeinträchtigen den Geschmack nicht. Fenchel kann im Gemüsefach des Kühlschranks etwa 1 Woche lang gelagert werden. Wikkeln Sie ihn in einen Frischhaltebeutel, um die Knollen vor dem Austrocknen zu schützen. Zum Putzen den Wurzelansatz und die Stengel oberhalb der Knolle abschneiden. Das Fenchelkraut zum Würzen aufbewahren. Die äußerste Schicht abbrechen.

Braune Stellen wegschneiden. Fenchel waschen und zum Aufschneiden auf den Wurzelansatz stellen. Je nach Rezept die Knolle senkrecht in Scheiben schneiden oder vierteln. Für feinere Streifen die halbierte Knolle auf die Arbeitsfläche legen und der Länge nach aufschneiden.

Kartoffeln

Bamberger Hörnchen *Primura* *Sieglinde* *Linda*

Holländische Bintje *Holländische Prinzess* *Desirée* *Maja*

Die Urheimat der Kartoffel liegt in den Hochländern Südamerikas. Nach Europa kam die Kartoffel im 16. Jahrhundert, und die erste deutsche Kartoffel wurde im Jahr 1621 gepflanzt.

Die Speisekartoffel ist die stärkehaltige, unterirdische Sproßknolle der einjährigen Kartoffelpflanze. Sie ist als Nahrungsmittel wertvoll durch ihren Gehalt an hochwertigem Eiweiß, an Mineralstoffen und Vitamin C. In der Küche sind Kartoffeln wegen ihres hervorragenden Geschmacks beliebt und aufgrund der besonders vielseitigen Verwendbarkeit.

Nach der Handelsklassenverordnung werden die Speisekartoffeln nach folgenden Kochtypen unterschieden: festkochend – vorwiegend festkochend – mehligkochend.

Festkochende Sorten sind ideal für Kartoffelsalat (Salatkartoffel), aber auch für Salz- und Pellkartoffeln sowie für Bratkartoffeln. Sie platzen beim Kochen nicht auf, sind fest, feinkörnig und feucht.

Vorwiegend festkochende Sorten eignen sich für Salz-, aber auch für Pellkartoffeln sowie für Bratkartoffeln. Sie platzen beim Kochen nur wenig auf, sind mäßig feucht und feinkörnig.

Mehligkochende Sorten verwendet man für Kartoffelpüree und Kartoffelpuffer, Kartoffelklöße, Suppen und Eintopfgerichte. Sie platzen beim Kochen stärker auf, kochen locker, sind trockener und grobkörniger.

Ein weiteres Unterscheidungsmerkmal bei Kartoffeln ist der Reifezeitpunkt:

Frühkartoffeln werden zum Teil unter Folie angebaut. Dadurch gibt es bereits ab Anfang Juni Frühkartoffeln aus deutscher Herkunft. Frühkartoffeln, die es schon im März zu kaufen gibt, kommen meistens aus Italien.

Die ersten Frühkartoffeln sind eine besondere Delikatesse. Sie sind zum Schälen zu schade und sollten am besten nur kräftig unter Wasser abgebürstet werden.

Sehr frühe Sorten eignen sich nicht für die Einkellerung, da sie ihre Eigenschaften schnell verlieren, früh keimen und welken. Sehr frühe Sorten geschält oder ungeschält wie Frühkartoffeln verwenden.

Frühe Sorten gibt es ab Juli und können bis zum Herbst gelagert werden.

Mittelfrühe Sorten werden ab Mitte August geerntet. Sie lösen die Frühkartoffeln am Markt ab, sind länger lagerfähig und zur Einkellerung für das letzte Viertel des Jahres geeignet.

Mittelspäte bis sehr späte Sorten haben seit einigen Jahren gegenüber den mittelfrühen Kartoffelsorten nur noch eine geringe Bedeutung. Das Einkellern lohnt sich fast nicht mehr, da frisch geerntete Kartoffeln schon ab Februar eingeführt werden.

Süßkartoffel oder Batate ist die spindelförmige, fleischige Knolle eines amerikanischen Windengewächses. Die Süßkartoffel

hat hohen Stärkegehalt und ist in den Ländern der Tropen und Subtropen ein wichtiges Lebensmittel. Vor der Zubereitung wird sie gewaschen und gründlich geschält, dann gekocht oder in Eintöpfen mitgeschmort.

Achtung: Kartoffeln werden am Licht grün! Grüne Knollenteile, Triebe (Keime) und die oberirdischen Früchte der Kartoffelpflanze enthalten das giftige Alkaloid Solanin.

Knoblauch

Die Knoblauchknolle oder -zwiebel setzt sich aus mehreren Tochterzwiebeln, den Zehen, zusammen. Jede Zehe ist von einer trockenen weißen bis rötlichen Schale umschlossen. So dekorativ die Zöpfe aus ganzen Knoblauchzwiebeln auch sind, Sie sollten bei normalem Knoblauchverbrauch nur einzelne Zwiebeln kaufen, damit Sie immer pralle, satte Zehen zur Verfügung haben.

Seit einigen Jahren wird auch bei uns junger Knoblauch angeboten, der wie feinste Frühlingszwiebeln aussieht, zart rosa oder etwas violett gefärbt. Geputzt und gewaschen, wird er roh zu Gegrilltem oder zur deftigen kalten Platte gegessen. Eventuell in Salz dippen.

Der rosafarbene Knoblauch aus Frankreich gilt als der mildeste und feinste und ist besonders lange haltbar. Die reinweißen Sorten kommen hauptsächlich aus Italien, Spanien und auch aus Frankreich.

Kohlrabi

Die sogenannte Sproßknolle des Kohlrabi ist der knollig verdickte Stengel der Kohlpflanze. Es gibt ihn hellgrün oder blauviolett. Im Frühjahr und Herbst kommen besonders zarte Kohlrabi auf den Markt. Dieser Kohl enthält viel Wasser und daher wenig Kalorien. Kohlrabi ist reich an Mineralstoffen, Vitamin C und Eiweiß.

Zur Vorbereitung die Blätter abbrechen, den Wurzelansatz anschneiden und die Schale vom Wurzelansatz her abziehen. Die zarten innersten Blättchen aufbewahren, fein hacken und nachträglich an das Gemüse geben. Kohlrabi halbieren oder vierteln und in Scheiben, Würfel oder Stifte schneiden. Dünne Julienne-Streifen nur kurz in Butter sautieren, mit Salz und Muskat würzen, eventuell mit Petersilie oder Schnittlauch bestreuen. Kohlrabigemüse kann je nach Zuschnitt 3–5 Minuten blanchiert und dann in Butter geschwenkt oder gedämpft oder in Sahne gedünstet werden. Kohlrabischeiben werden auch nach Art eines Kartoffelgratins gebacken. Schließlich läßt sich Kohlrabi sehr gut füllen und überbacken. Dazu die Knollen in Salzwasser knapp garen, aushöhlen und füllen.

Lauch/Porree

Ein delikates Wintergemüse, das ganzjährig angeboten wird. Lauch ist besonders mild im Geschmack, leichter verdaulich als Zwiebeln und Knoblauch und mit seinem hohen Vitamin- und Mineralstoffgehalt sehr gesund.

Zur Vorbereitung ist gründliches Putzen und Waschen wichtig, denn in den Blattwinkeln sitzt oft viel Sand. Falls die Lauchstange im ganzen gegart werden soll, das grüne Ende bis in den weißen Teil hinein kreuzweise einschneiden und den Lauch spülen.

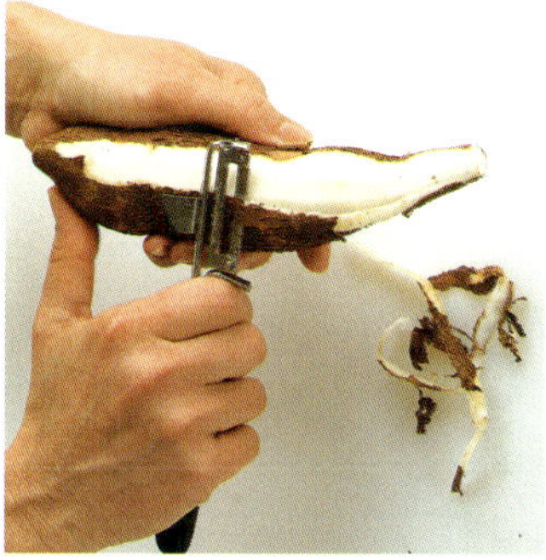

Maniok

Die Wurzelknollen des hohen Strauches heißen in der Indianersprache Manihot. Eng verwandt ist der Cassavastrauch mit sehr ähnlichen Wurzeln. Daraus gewonnenes Stärkemehl bzw. Sago werden im Handel Tapioka genannt. Maniokwurzeln sind im tropischen Amerika und inzwischen auch in Afrika ein Grundnahrungsmittel wie die Kartoffel. Kann nur gekocht gegessen werden, schwacher Eigengeschmack. Versuchen Sie Zubereitungen wie mit Kartoffeln.

Meerrettich

Die geriebenen Stangen sind eine beliebte Beilage zu gekochtem Rindfleisch. Frischer Meerrettich ist wesentlich schärfer als konservierter. Zum Abmildern mit geriebenem Apfel oder mit Schlagsahne vermischen. Meerrettich ist aber nicht nur Gewürz. Hervorragend schmecken Meerrettichsauce und -gemüse, mit Béchamel oder Semmelbröseln gebunden, zu gekochtem oder geschmortem Fleisch.

Möhren

Heißen auch Mohrrüben, gelbe Rüben oder Wurzeln, die rundliche Sorte: Karotten. Möhren sind gesund wie alle Wurzelgemüse, sie haben den höchsten Gehalt an Carotin, das unter Zugabe von Fett in Vitamin A umgewandelt wird. Deshalb bei der Zubereitung immer etwas Fett an die Möhren geben (Öl, Butter, Sahne). Bringen Sie Abwechslung ins Möhrengemüse, z. B. mit Curry und hauchdünn geschnittenen, frischen Pfefferschoten oder mischen Sie Möhren mit anderen Wurzelgemüsen. Attraktiv sind junge Möhren, im ganzen gedünstet und glasiert. Möhren lieben es süß, geben Sie immer eine Prise Zucker an das Gericht, um den feinen Möhrengeschmack hervorzuheben.

Außerdem eignen sich Möhren für Säfte, Rohkost, Eintöpfe, Suppen, Pürees und Soufflés.

Pastinake

Diese Wurzelrübe sieht aus wie eine dicke Petersilienwurzel. Ihr Geschmack liegt zwischen Petersilienwurzel und Sellerie, ist aber milder als letzterer. Sie wird geschält und wie die genannten Gemüse verarbeitet.

Petersilienwurzel

Es gibt Blattpetersilie und Wurzelpetersilie. Letztere ist ein sehr feines Gemüse und wird wie Möhren zu den verschiedensten Gerichten verwendet. Versuchen Sie Cremesuppe aus Petersilienwurzeln oder das Püree anstelle von Kartoffelpüree. Als Beilage passen junge Petersilienwurzeln, geschält, im ganzen 2–3 Minuten blanchiert und in heißer Butter gewendet (Salz, Pfeffer, 1 Prise Zucker, 1 Spritzer Zitronensaft).

Radieschen und Rettich

Die bunten Wurzeln aus beiden Familien sind bei uns fast nur wie gewachsen und gewaschen zur Brotzeit bekannt, allenfalls noch als Salat. Da können wir von den Japanern lernen, die Rettiche als Gemüse oder in Suppen zubereiten. Versuchen Sie einen milden Rettich, geschält, geraspelt oder in dünnen Stiften, in einem Ragout oder im Eintopf. Gut schmeckt Rettichgemüse in Currysahne.

Die besonders gesunden Radieschen ißt man am besten roh. Sie sind verwandt mit den langen weißen Wurzeln, den Eiszapfen.

Schärfer als weißer Rettich sind die dünneren roten Wurzeln, 5 Stück im Bund »Ostergruß« genannt. Am allerschärfsten ist der runde Rettich mit der schwarzen Haut. Achten Sie beim Kaufen auf frisches Kraut und glatte, pralle Haut.

Rote Bete

Sie heißt auch rote Rübe oder Rahne.

Viele kennen sie nur aus der Konservendose, dabei war sie früher ein beliebtes Frischgemüse und Heilmittel. Die sehr gesunde, preiswerte Rübe schmeckt z. B. roh geraspelt in einem Salat, gekocht, mit Butter und Zucker karamelisiert oder in Scheiben geschnitten und gegrillt. Als Gewürze harmonieren Pfeffer, Zwiebel, Kümmel, Senf, Koriander und Meerrettich. Einziger Nachteil: die lange Garzeit, aber da hilft ein Schnellkochtopf.

Zubereitung: Damit sie nicht ausbluten, dürfen rote Beten vor dem Kochen nicht angeschnitten werden. Also nur die Blätter entfernen, Stielansätze und Wurzeln bleiben dran.

Rüben waschen, mit Salzwasser bedecken und in 50–70 Minuten gar kochen.

Herausheben, in eiskaltem Wasser abschrecken und die Haut unter fließendem Wasser abstreifen.

Schwarzwurzeln

Sie werden oft »Winterspargel« genannt, und man könnte fast meinen, wir würden Schwarzwurzeln nur essen, weil es im Winter den echten Spargel nicht gibt. Die Bezeichnung ist ungerecht, denn die Wurzeln schmecken doch ganz anders als Spargel und sind außerdem viel gesünder. Die Rezepte mit Schwarzwurzeln ähneln allerdings denen mit Spargel. Viele Fleischgerichte und Saucen harmonieren mit beiden Gemüsen.

Zubereitung: Die erdigen Stangen unter fließendem, kalten Wasser gründlich bürsten. Eine Schüssel bereithalten, in der Essigwasser mit Mehl verrührt

wurde, damit die Wurzeln weiß bleiben. Zum Schälen Sparschäler verwenden und am besten mit Plastikhandschuhen arbeiten, die die Hände vor der austretenden »Milch« schützen. Dieser Saft hinterläßt auf der Haut klebrig-braune Flecken. Jede geschälte Wurzel sofort in das vorbereitete Essigwasser legen. Leicht gesalzenes Wasser aufkochen und einen Schuß Milch hineingeben, damit die Wurzeln weiß bleiben.

Schwarzwurzeln je nach Rezept in 4–10 cm lange Stücke schneiden und 15–20 Minuten im halbgeschlossenen Topf köcheln lassen. Nach 15 Minuten eine Garprobe machen! Schwarzwurzeln sollten noch etwas Biß haben, sonst werden sie schnell mehlig und matschig.

Sellerie

Die Sorte mit der knollig verdickten Wurzel heißt Knollensellerie (die Sorte nur mit Stengeln: Stauden-, Stangen-, Bleich- oder Englischer Sellerie). Sellerieknolle ist ebenso wichtig als Würze – kein Suppengrün oder Röstgemüse ohne Sellerie – wie als Gemüse. Beliebt auch als Salat und in Salatmischungen.

Versuchen Sie einmal blanchierte Selleriescheiben, in eine feuerfeste Form geschichtet und wie Kartoffelgratin oder Auflauf zubereitet. Herzhaft sind würzig gefüllte Sellerieknollen, mit Käse überbacken. Denken Sie auch an feine Selleriecremesuppe, Selleriepüree und Selleriewürfel in Eintöpfen und Suppen.

Zubereitung: die Stiele abschneiden. Sellerieknollen waschen. Knollen, die gefüllt werden sollen, im ganzen kochen und danach erst dünn schälen. Für andere Gerichte die Knollen waschen, halbieren oder vierteln und schälen. Wenn sie nicht sofort weiterverarbeitet werden, in leicht gesäuertes Wasser legen, damit sie weiß bleiben. In Würfel, Scheiben oder Stifte schneiden, blanchieren, dünsten oder braten.

Steckrübe

Viele deftige, preiswerte Gemüse, die in Kriegszeiten knurrende Mägen füllten, galten in den letzten Jahrzehnten als minderwertig. Nur gut gegen Hunger, kein kulinarischer Genuß! Zu dieser Kategorie gehörten auch einige Wurzeln und Knollen, wie z. B. die Steck-

rübe oder Kohlrübe, die weißen und die Teltower Rübchen.

Glücklicherweise können junge Generationen von Feinschmeckern diese Rüben unbelastet für sich entdecken, und damit finden wir sie wieder auf den Märkten und Speisekarten. Die dicken, gelbfleischigen Steckrüben sind mit den weißen Rüben verwandt, sind aber nicht so zart. Die Rüben großzügig schälen.

Achtung: Immer von der Hand weg schneiden, weil das Messer von der harten Rübe leicht abrutscht! Die geschälte Rübe in Streifen oder Stifte schneiden und blanchieren oder dünsten. Gut schmecken Steckrüben in einem Kartoffelgemüse und in jedem deftigen Eintopf.

Teltower Rübchen

Sie heißen auch Märkische Rüben und sind eine Zuchtform der weißen Rübe. Teltower Rübchen wurden ursprünglich in den Sandböden der Mark Brandenburg angebaut. Heutzutage findet man sie auf gutbestückten Märkten in ganz Deutschland.

Die winzigen, meist ockerfarbigen Wurzeln gelten als Gemüsedelikatesse, sie schmecken etwas süßlich und sehr würzig.

Für die Zubereitung die Rübchen schälen, waschen und sofort verarbeiten. Zubereitungsarten: siehe »weiße Rüben«.

Topinambur

Wahrscheinlich ist sie unter diesem Namen genausowenig bekannt wie als »Jerusalemartischocke«. Der Name beruht auf der schwachen Ähnlichkeit ihres Geschmacks mit Artischockenböden. Es handelt sich um die Wurzelknolle einer Pflanze, die mit der Sonnen-

blume verwandt ist. Topinambur wird den ganzen Winter über aus der Erde geholt. Die Knollen haben nur einen sehr milden Eigengeschmack und werden wie Kartoffeln zubereitet. Wegen ihrer buckeligen Oberfläche sind sie in rohem Zustand schwer zu schälen, daher erst kochen und dann abziehen.

Weiße Rüben

Sie gehören zu einer sehr großen Familie zarter, feinschmeckender Rüben. Verwandte sind die Teltower Rübchen, die Mairüben und die französischen Navets. Weiße Rüben gibt es in länglicher Form bis kugelig rund und platt, rein weiß oder violett gefleckt. Gut schmecken sie als Gemüse in Butter oder Sahne. Versuchen Sie die Rübchen roh geraspelt mit Zitrone, gefüllt und geschmort, geschnitten und gratiniert, in Suppe und Eintopf. Sie passen hervorragend zu fettem Fleisch wie Schwein und Ente, weil sie selbst sehr fettarm sind.

Die Zubereitung ist einfach und schnell: Rübchen mit dem Sparschäler abschälen, waschen und sofort zubereiten, weil sie sonst anlaufen.

Gut schmeckt auch das Grün junger weißer Rüben. Die Blätter werden wie Spinat zubereitet.

Yams

Die Yamswurzel kann länglich sein, ähnlich wie Maniok, oder kugelig rund wie die hier abgebildete Cocoyams. Dieser Name kommt von der äußerlichen Ähnlichkeit der Wurzelknollen mit einer braunen Kokosnuß. Yamswurzeln sind Knollen einer tropischen Kletterstaude. Sie werden geschält und wie Kohlrabi zubereitet, mit dem sie auch in Geschmack und Struktur Ähnlichkeit haben. Yams schmeckt knackig frisch.

Zwiebel

Die Zwiebel ist in Innerasien zu Hause und wurde schon in der Antike angebaut. Im Laufe der Jahrhunderte entwickelten sich unzählige Zwiebelsorten, die sich in ihrem Gehalt an ätherischen Ölen, Wasser und Zucker unterscheiden. Je weniger Wasser und Zucker in der

Von links oben nach rechts unten: Frühlingszwiebeln, spanische Gemüsezwiebel, milde weiße Zwiebel, Haushaltszwiebel, Perlzwiebeln, Knoblauch, Schalotten, Lauch, rote Zwiebel, Schaschlik- oder Grillzwiebeln.

Zwiebel enthalten sind, um so schärfer ist ihr Geschmack.

Wenn die Zwiebel auch nicht alle Wunder vollbringen kann, die man ihr im Altertum andichtete, so ist sie doch unbestritten eines unserer gesündesten Gemüse. Sie enthält Vitamin A und Vitamine aus der B-Gruppe. Außerdem Mineralien und schwefelhaltiges Öl. Zwiebel ist blutreinigend und verdauungsfördernd.

Die gelbe Haushaltszwiebel wird am häufigsten angeboten. Da sie etwas streng ist, empfiehlt es sich, sie für Salate zu blanchieren oder für Hackfleischteig vorher in etwas Butter zu dünsten.

Die gelbe Gemüsezwiebel (spanische Zwiebel) ist besonders mild und gut mit Füllung, als ausgebackene Zwiebelringe oder fein geschnitten in Salaten.

Schalotten mit rosavioletter Schale sind die feinsten. Die kleineren gelben, manchmal leicht grünlichen, sind etwas schärfer. Schalotten werden in Minuten gar und eignen sich daher gehackt in allen Saucen und Fischgerichten. Im ganzen werden sie glasiert, in Ragouts und Eintöpfen mitgeschmort oder statt Frühlingszwiebeln in Farcen verarbeitet.

Die kleinen weißen **Perlzwiebelchen** eignen sich zum Einlegen und Glasieren.

Die plattrunden **Schaschlik- oder Grillzwiebeln** schmecken mild und eignen sich auch zum Einlegen und Schmoren. Zum Grillen am Spieß vorher kurz blanchieren, damit sie gleichzeitig mit den weicheren Zutaten gar sind.

Die große weiße Zwiebel ähnelt in Art und Zubereitung der spanischen. Je nach Garzeit der Füllung wird sie roh ausgehöhlt oder vor dem Füllen in Salzwasser halbgar gekocht.

Frühlingszwiebeln. Sie heißen auch Lauch- oder Grünzwiebeln und werden das ganze Jahr über angeboten. Die kleinen weißen Zwiebelchen sind besonders aromatisch und eignen sich roh ebenso wie das zarte Zwiebelkraut zu Salaten oder, blanchiert und in Butter glasiert, als Beilage zu Fleisch und Fisch.

Zum Blanchieren Wurzeln und die dunkelgrünen Enden abschneiden, eventuell abziehen und waschen. Je nach Stärke ½–1 Minute in Salzwasser blanchieren, herausheben und sofort in Eiswasser legen, damit die Zwiebelchen nicht weitergaren. Auf Küchenkrepp trocknen, ehe sie in Butter geschwenkt werden.

Rote Zwiebeln sind mild und deshalb zum Rohessen in Salaten geeignet.

Gemüse in Form

Tournieren ist der Fachausdruck für die abgebildete »Bastelarbeit«. Beliebt sind längliche, ovale Formen, 4–6 cm lang, die z. B. aus Karotten wie folgt geschnitten werden: Karotten schälen, quer in gleichmäßige Stücke teilen und dann längs halbieren. Mit einem kleinen, spitzen, eventuell nach innen gebogenen Messer (Tourniermesser) zunächst die Kanten leicht bogenförmig abschneiden. Dann das

Karottenstück mit 6–7 weiteren bogenförmigen Schnitten oval formen.

Will man Karotten oder Petersilienwurzeln ohne viel Mühe hübsch und gleichmäßig schneiden, genügt es, junges, gleich großes Gemüse zu schälen und samt dem Stielansatz im ganzen oder der Länge nach halbiert zu garen.

Klassische Schnittformen für Gemüse sind Julienne, Brunoise und Mirepoix.

Für **Julienne** Gemüsestücke von 3–4 cm Länge putzen und eventuell schälen. In 1–2 mm dicke Scheiben schneiden, diese aufeinanderlegen und wiederum in 1–2 mm dicke Stäbchen bzw. Streifen schneiden.

Schneidet man Julienne quer zu gleichmäßigen

Würfelchen, so heißen diese **Brunoise.** Julienne wie Brunoise kann man von einer Sorte oder von gemischtem Suppengemüse schneiden. Außerdem von Pilzen, Peperoni, Cornichons, Schinken, Zunge oder Geflügelbrust. Für Julienne von Zitrusschalen gibt es ein eigenes Werkzeug, den Juliennereißer.

Stifte und Würfelchen dienen als aromatische Garnitur für Suppen, Saucen und Farcen, Julienne auch als Rohkost oder, in Butter gedünstet, als Gemüsebett.

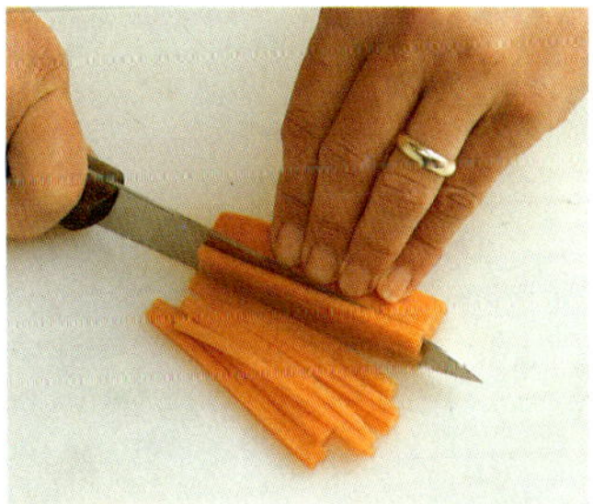

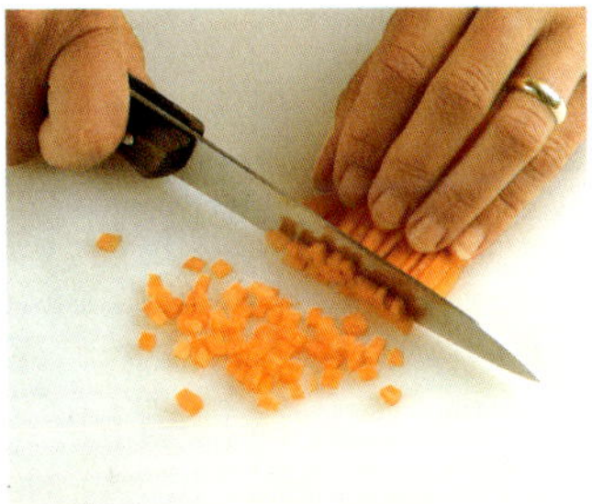

Mirepoix heißen gemischte Gemüsewürfel, so klein wie Brunoise oder bis zu 1 cm Seitenlänge. Für herzhafte Gerichte kommen noch Bauchspeck- oder Schinkenwürfel dazu. Mirepoix wird gern zu Fleisch, Wild, Fisch und Meeresfrüchten verwendet, es ist ideal in Ragouts und zu kurzgedünsteten Pfannengerichten. Scheiben des gewaschenen Gemüses, hier ist es eine Steckrübe, in gleichmäßige Stifte und diese dann quer in Würfel schneiden.

Um dünne **Streifen** zu erhalten, wird geputztes Gemüse in gleichmäßige Scheiben geschnitten und diese dann in möglichst dünne Streifen.

Noch feiner werden die Streifen mit dem Sparschäler. Hier wird Knollensellerie in Streifen geschält. Solche Gemüsestreifen sind eine bunte und wohlschmeckende Ergänzung zu Bandnudeln. Gemüsestreifen blanchieren, Nudeln kochen und miteinander in Butter schwenken.

Freilich sind Julienne und Brunoise die feinste Art, Gemüse zu schneiden. Zumindest geschmacklich erzielt man aber dasselbe Ergebnis auch mit dieser schnelleren Methode: geschälte Gemüsestücke von Hand oder in der Küchenmaschine raspeln.

Die Mandoline. Dieses klassische Küchengerät ist im Fachhandel erhältlich, nicht ganz billig, aber wirklich sehr praktisch. Durch Verstellen von Messern und Walze erhält man viele verschiedene Schnittformen. Der aufgesetzte Hobel ermöglicht schnelles und sicheres Arbeiten bis auf das letzte Gemüsestückchen. Waffelkartoffeln werden gleichmäßig und wunderschön, indem man die Kartoffeln vor jedem Schnitt um 90° dreht.

Scheiben, gleichmäßig und schnell: wer keine Küchenmaschine hat, schneidet Scheiben am besten auf dem **Gurkenhobel.**

Gewöhnen Sie sich an das **Buntmesser**. Es macht nicht mehr Arbeit. Und fein gerippt wirkt das Gemüse gleich eleganter. Hier wird eine geschälte Cocoyams vor dem Dünsten in Scheiben geschnitten.

Mit dem richtigen Werkzeug ist das Schneiden und Schnitzen von Gemüsen ein Kinderspiel. Von links nach rechts sehen Sie: Perlausstecher, Bällchenausstecher, Olivenausstecher, runder Ausstecher für Kerngehäuse, Zesteur, Juliennereißer, Sparschäler, Spargelschäler, Buntmesser, gerades und spitzes Gemüsemesser, Tourniermesser.

Salade Niçoise

einfach

4 Portionen

400 g festkochende Kartoffeln
400 g frische Prinzeßbohnen
Salz
2 Eier
1 kleines Glas Sardellenfilets in Öl
400 g Kirschtomaten
1 grüne Paprikaschote
1 rote Zwiebel
12 schwarze Oliven
3 EL Essig
frisch gemahlener schwarzer Pfeffer
6 EL Olivenöl
etwas Kerbel

Die Kartoffeln waschen, im Siebeinsatz über Dampf 30 bis 40 Minuten gar kochen. Dann auskühlen lassen.

Die Bohnen waschen, putzen und in wenig Salzwasser 5 bis 10 Minuten bißfest garen. Dann abtropfen und auskühlen lassen. Die Eier in 10 Minuten hart kochen, dann abschrecken, pellen und längs halbieren.

Sardellenfilets in einem kleinen Gefäß in Wasser legen. Die Tomaten waschen, 8 Stück beiseite legen, den Rest halbieren.

Die Paprika halbieren, Kerne und Trennhäute entfernen. Die Hälften waschen und in schmale Streifen schneiden.

Die Zwiebel schälen, halbieren und in sehr dünne Scheiben schneiden.

Die Kartoffeln schälen und in 1 cm große Würfel schneiden. Zusammen mit den anderen vorbereiteten Zutaten auf 4 großen Tellern dekorativ anrichten. Die Sardellenfilets mit Küchenpapier trockentupfen. Mit den Oliven auf die Salatteller geben.

Für die Marinade Essig, ½ Teelöffel Salz und Pfeffer verrühren, das Öl kräftig unterschlagen und über die Salate träufeln. Kerbel waschen, trockenschütteln und darüberstreuen.

Nährwerte pro Portion/Stück	
Kilokalorien	*410*
Kilojoule	*1710*
Eiweiß/g	*12*
Kohlenhydrate/g	*25*
Fett/g	*26*
Ballaststoffe/g	*8,3*

Herzhafter Rote-Bete-Salat

einfach

4 Portionen

3 gekochte rote Beten, 700 g
1 Bund Schnittlauch
Salz
frisch gemahlener Pfeffer
2 EL Weißweinessig
1 EL Delikateßsenf
150 g Crème fraîche
100 g saure Sahne
1 Bund glatte Petersilie

Die gekochten und geschälten roten Beten in 3 mm dünne Scheiben schneiden und mit der Plätzchenform Herzen ausstechen.

Den Schnittlauch waschen, trockenschleudern und fein hacken.

Für die Marinade 1 Messerspitze Salz, reichlich frisch gemahlenen Pfeffer, Weißweinessig, Senf, Crème fraîche und saure Sahne verrühren. Mit Salz und Pfeffer abschmecken.

Die Petersilie waschen, trockenschleudern, die Blätter von den Stengeln zupfen und sehr fein hacken. Petersilie mit der Marinade verrühren.

Rote-Bete-Herzen auf einer Platte oder auf Portionstellern dekorativ anrichten und mit dem gehackten Schnittlauch bestreuen. Die Marinade getrennt dazu reichen.

Nährwerte pro Portion	
Kilokalorien	*270*
Kilojoule	*1140*
Eiweiß/g	*5*
Kohlenhydrate/g	*16*
Fett/g	*20*
Ballaststoffe/g	*6,8*

Rote-Bete-Rohkost

einfach

4 Portionen

- 500 g junge rote Beten
- 3 EL Weinessig
- 1 EL Senf
- Salz
- 1 Prise Zucker
- Pfeffer aus der Mühle
- 1 TL gestoßener Koriander
- 8 EL Öl
- 2 Schalotten
- 1 Bund Schnittlauch
- 200 g Crème fraîche

Rote Beten schälen und grob raspeln.

Für die Marinade Essig, Senf, Salz, Zucker, Pfeffer, gestoßenen Koriander und Öl in einer Schüssel verrühren.

Schalotten abziehen und sehr fein hacken. Mit den geraspelten roten Beten in die Marinade geben und 30 Minuten ziehen lassen.

Schnittlauch waschen, trockentupfen und in feine Röllchen schneiden.

Rote-Bete-Salat auf vier Tellern anrichten, an den Tellerrand die Crème fraîche geben und mit Schnittlauch garnieren.

Nährwerte pro Portion	
Kilokalorien	*480*
Kilojoule	*2030*
Eiweiß/g	*3*
Kohlenhydrate/g	*10*
Fett/g	*46*
Ballaststoffe/g	*3,9*

Schwäbischer Kartoffelsalat

einfach, braucht Zeit

4 Portionen

1 kg Salatkartoffeln
Salz
200 ml heiße Fleischbrühe
4 EL Weinessig
2 TL scharfer Senf
1 Prise Zucker
frisch gemahlener Pfeffer
2 EL Öl
2 kleine Zwiebeln
1 Salatgurke
1 Bund Schnittlauch

Kartoffeln waschen und in Salzwasser ca. 30 Minuten gar kochen.

Abgießen, mit kaltem Wasser abschrecken, schälen und abkühlen lassen. Anschließend Kartoffeln in gleichmäßig dünne Scheiben schneiden und in eine Salatschüssel geben.

Aus der heißen Fleischbrühe, Essig, Senf, Zucker, Salz, Pfeffer und Öl eine Marinade zubereiten und über die Kartoffelscheiben gießen.

Zwiebeln abziehen und fein hacken. Vorsichtig unter den Salat mischen. Zugedeckt mindestens 1 Stunde durchziehen lassen. Anschließend noch einmal abschmecken.

Gurke schälen. Mit dem Gurkenhobel in dünnen Scheiben zum Salat reiben und untermischen.

Schnittlauch waschen, trockentupfen und in feine Röllchen schneiden. Vor dem Servieren über den Salat streuen, etwas Pfeffer aus der Mühle darübermahlen.

Nährwerte pro Portion	
Kilokalorien	*290*
Kilojoule	*1210*
Eiweiß/g	*7*
Kohlenhydrate/g	*46*
Fett/g	*7*
Ballaststoffe/g	*7,1*

Pikanter Kartoffelsalat mit Ei

einfach

4 Portionen

1 kg Salatkartoffeln
Salz
6 EL Salatmayonnaise
150 g Sauerrahm
4 EL Weinessig
frisch gemahlener Pfeffer
1 Prise Zucker
1 EL Öl
1 rote Paprikaschote
1 große Zwiebel
3 Gewürzgurken
1 EL Kapern
2 Eier
1 Bund Schnittlauch

Kartoffeln gründlich waschen und in Salzwasser ca. 30 Minuten gar kochen.

In ein Sieb abgießen, mit kaltem Wasser kurz abschrecken, schälen und auskühlen lassen. In gleichmäßig dünne Scheiben schneiden.

Aus Mayonnaise, Sauerrahm, Essig, Pfeffer, Zucker, Salz und Öl eine Marinade zubereiten. Kartoffelscheiben und Marinade in einer Schüssel gründlich vermischen.

Paprika putzen, entkernen und in feine Würfel schneiden.

Zwiebel abziehen. Zusammen mit den Gewürzgurken und den Kapern fein hacken. Alles unter den Salat mischen. Im Kühlschrank mindestens 1 Stunde zugedeckt durchziehen lassen.

Die Eier hart kochen. Abschrecken, schälen und achteln.

Schnittlauch waschen, trockentupfen und in feine Röllchen schneiden.

Den Kartoffelsalat mit den Eiern und dem Schnittlauch garnieren.

Nährwerte pro Portion	
Kilokalorien	*430*
Kilojoule	*1810*
Eiweiß/g	*11*
Kohlenhydrate/g	*51*
Fett/g	*18*
Ballaststoffe/g	*7,4*

Meerrettich-Eier-Creme

einfach, Blitzrezept
8 Portionen

- 4 hartgekochte Eier
- 2 Stangen Meerrettich, 400 g
- Saft von ½ Zitrone
- 400 g Crème fraîche
- Zucker
- ½ TL Ingwerpulver
- Salz

Die Eier schälen und grob hacken. Die Meerrettichstangen schälen und fein reiben. Sofort mit Zitronensaft beträufeln.

Alle Zutaten vermischen und abschmecken.

Nährwerte pro Portion	
Kilokalorien	*270*
Kilojoule	*1150*
Eiweiß/g	*5*
Kohlenhydrate/g	*4*
Fett/g	*25*
Ballaststoffe/g	*2,2*

Meerrettichsahne

4 Portionen

- 125 g Schlagsahne
- ½ Stange Meerrettich, 125 g
- 1 Prise Zucker
- 1 Prise Salz
- frisch gemahlener weißer Pfeffer

Die Sahne schaumig, jedoch nicht ganz steif schlagen.

Meerrettich waschen, gründlich schälen und fein reiben. Meerrettich sofort unter die Sahne ziehen, damit er sich nicht verfärbt. Mit Zucker, Salz und frisch gemahlenem Pfeffer abschmecken.

Paßt ausgezeichnet zu kalten Fleisch- und Fischgerichten, zu geräucherten Fischfilets und zu gekochtem Rindfleisch.

Tip:
Rest in einer Eisschale tiefgefrieren. Zum Servieren einen Kaffeelöffel in heißes Wasser tauchen und die Meerrettichsahne muschelförmig ausstechen.

Nährwerte pro Portion	
Kilokalorien	*110*
Kilojoule	*450*
Eiweiß/g	*1*
Kohlenhydrate/g	*3*
Fett/g	*10*
Ballaststoffe/g	*1,4*

Brotzeitradi

Blitzrezept

8 Portionen

2 große bayerische Radi (Rettich)
Salz

Die Radi waschen, gut bürsten, das Grün und die Seitenwurzeln abschneiden.

Jeden Radi mit einem scharfen Messer schräg und möglichst eng zu dreiviertel einschneiden, so daß der Radi unten noch zusammengehalten wird.

Umdrehen und die Prozedur genauso wiederholen.

Jetzt die einzelnen Lamellen vorsichtig von beiden Seiten salzen und etwas ziehen lassen. Der Rettich verliert Wasser, wird dadurch nicht nur milder, sondern auch weicher, und man kann ihn auseinanderziehen, so daß eine schöne Girlande entsteht.

Mit einem Spiralschneider geht es schneller, macht aber nicht so viel Spaß.

Nährwerte pro Portion	
Kilokalorien	*10*
Kilojoule	*45*
Eiweiß/g	*1*
Kohlenhydrate/g	*1*
Fett/g	*0*
Ballaststoffe/g	*1,3*

Konfetti-Terrine

braucht Zeit

8 Portionen

Brokkolipüree:
600 g Brokkoli, geputzt
Salz
3 Eiweiß
frisch gemahlener weißer Pfeffer
je 1 Messerspitze geriebene Muskatnuß und Ingwerpulver
150 g Schlagsahne
Selleriepüree:
600 g Sellerieknolle, geputzt
3 Eiweiß
½ Knoblauchzehe
150 g Schlagsahne
2 Möhren
Butter für die Form
Zum Überziehen:
200 g Schlagsahne
abgeriebene Schale von ½ unbehandelten Zitrone
3 Blatt weiße Gelatine
1 Möhre
je ½ rote und gelbe Paprikaschote
100 ml Kalbsfond aus dem Glas

Den Brokkoli grob zerteilen und in Salzwasser 10 Minuten sprudelnd kochen. Abkühlen und abtropfen lassen.

Brokkoli in der Küchenmaschine pürieren. Dann das Eiweiß in kleinen Portionen unter das Püree rühren. 1½ Teelöffel Salz und die Gewürze zufügen und das Püree kühlen.

Die Sahne halbsteif schlagen und nach und nach unter das Püree rühren. Wieder gut kühlen.

Die Sellerieknolle in große Stücke zerteilen und in Salzwasser weich kochen. Dann pürieren und die Farce wie beim Brokkoli herstellen: ebenfalls 1½ Teelöffel Salz zugeben, den Knoblauch abziehen und in das Püree pressen. Auch das Selleriepüree, wenn es mit Sahne versetzt ist, sehr gut kühlen.

Die Möhren schälen, der Länge nach in Scheiben schneiden und in etwas Salzwasser knapp gar kochen. Herausheben, auf Küchenkrepp trocknen und in Stifte schneiden.

Die Terrine mit Butter ausfetten und die Hälfte des Brokkolipürees glatt hineinstreichen. Darauf nach und nach das Selleriepüree schichten und unregelmäßig verteilt Möhrenstifte einlegen. Das Selleriepüree glattstreichen und das restliche Brokkolipüree daraufgeben. Die Terrine mit dem Deckel verschließen.

In dem auf 200 °C vorgeheizten Backofen ein Wasserbad von 80 °C vorbereiten. Die Terrine im Wasserbad 1 Stunde und 15 Minuten garen. Danach herausheben, den Deckel öffnen und die Terrine auskühlen lassen.

Die Schlagsahne mit 1 Prise Salz und mit der Zitronenschale würzen. 2 Blatt Gelatine einweichen, ausdrücken, über schwacher Hitze auflösen und mit der Sahne verrühren. Die Sahne über die kalte Terrine gießen und im Kühlschrank erstarren lassen.

Möhre und Paprikaschoten waschen, putzen und die Möhre der Länge nach in dünne Scheiben schneiden. Mit einer Lochtülle aus dem Gemüse Konfetti stechen und diese in wenig Salzwasser bißfest garen. Abgießen und in Eiswasser legen. Danach auf Küchenpapier gut trocknen.

Den Kalbsfond mit 1 Blatt aufgelöster Gelatine verrühren. Die Konfetti auf der Sahneschicht verteilen und mit dem Kalbsfond begießen. Auch diesen Spiegel erstarren lassen und die Terrine bis zum Servieren gut kühlen.

Nährwerte pro Portion	
Kilokalorien	*240*
Kilojoule	*1020*
Eiweiß/g	*7*
Kohlenhydrate/g	*7*
Fett/g	*20*
Ballaststoffe/g	*5,9*

Selleriesalat mit Vinaigrette

einfach

4 Portionen

2 kleine Sellerieknollen
Salz
5 EL Weinessig
1 EL Dijon-Senf
1 Prise Zucker
frisch gemahlener Pfeffer
8 EL kaltgepreßtes Olivenöl
2 Schalotten
1 Knoblauchzehe
1 Gewürzgurke
2 Eier
½ Bund glatte Petersilie
½ Kästchen Kresse

Sellerieknollen waschen und schälen.

¾ l Wasser mit etwas Salz und 2 Eßlöffel Essig zum Kochen bringen. Die Knollen darin ca. 30 Minuten bei mittlerer Hitze kochen lassen. Herausheben, kurz mit kaltem Wasser abschrekken, vierteln und in gleichmäßige Scheiben schneiden. In eine flache Schüssel schichten.

Aus dem restlichen Essig, Senf, Zucker, Salz, Pfeffer und Olivenöl eine Marinade rühren.

Schalotten und Knoblauchzehe abziehen und mit der Gewürzgurke sehr fein hacken. Unter die Marinade mischen und alles über die warmen Selleriescheiben gießen. 30 Minuten durchziehen lassen.

In der Zwischenzeit die Eier hart kochen.

Petersilie waschen, trokkentupfen und ebenso wie die harten Eier fein hacken. Kresse abschneiden. Vor dem Servieren die gehackten Eier und die Kräuter über den Selleriesalat streuen.

Nährwerte pro Portion	
Kilokalorien	*310*
Kilojoule	*1280*
Eiweiß/g	*7*
Kohlenhydrate/g	*7*
Fett/g	*27*
Ballaststoffe/g	*6,7*

Sellerie-Apfel-Möhrensalat

einfach

4 Portionen

1 große Sellerieknolle
2 Äpfel
250 g Möhren
Saft von 1 Zitrone
1 Orange
1 Becher Magerjoghurt, 150 g
1 Prise Zucker
Salz
frisch gemahlener weißer Pfeffer
75 g gehackte Walnußkerne

Sellerie und Äpfel waschen, schälen und vierteln. Das Kerngehäuse der Äpfel entfernen. Möhren putzen. Alles grob raspeln oder in feine Streifen schneiden, in eine Schüssel geben und sofort mit dem Zitronensaft beträufeln.

Die Orange schälen, vierteln und in dünne Scheiben schneiden. Unter die anderen Zutaten mischen.

Joghurt, Zucker, Salz und etwas Pfeffer verquirlen, über den Rohkostsalat gießen und gut durchmischen. Ziehen lassen und vor dem Servieren mit den Walnüssen garnieren.

Nährwerte pro Portion	
Kilokalorien	*160*
Kilojoule	*660*
Eiweiß/g	*7*
Kohlenhydrate/g	*20*
Fett/g	*5*
Ballaststoffe/g	*9,6*

Möhren-Sprossensalat

1–2 Stunden vor dem Servieren zubereiten

einfach

4 Portionen

Saft von ½ Zitrone
1 EL Apfelessig
1 Prise Zucker
Salz
3 EL Öl
300 g junge Möhren
½ Knolle frischer Ingwer
100 g gemischte Sprossen, z. B. Mungobohnen, Azukibohnen, Kichererbsen

Aus Zitronensaft, Essig, Zucker, Salz und Öl eine Marinade schlagen.

Die Möhren putzen, waschen, schaben oder dünn schälen und in die Marinade raspeln.

Den Ingwer schälen und fein reiben, die Sprossen waschen und gut abtropfen lassen.

Alle Zutaten mit dem Möhrensalat mischen und zugedeckt 1 bis 2 Stunden ziehen lassen.

Nährwerte pro Portion	
Kilokalorien	*120*
Kilojoule	*480*
Eiweiß/g	*2*
Kohlenhydrate/g	*6*
Fett/g	*9*
Ballaststoffe/g	*2,4*

Bunter Fenchelsalat

einfach

4 Portionen

- 2 Fenchelknollen
- 3 Stangen Sellerie
- ½ Kopf Eisbergsalat
- 2 EL Weinessig
- 1 TL Senf
- frischer gemahlener Pfeffer
- 1 Prise Zucker
- 5 EL kaltgepreßtes Olivenöl
- 1 Orange
- 1 roter Apfel
- 75 g gehackte Walnußkerne

Die Fenchelknollen und die Selleriestangen putzen, waschen und in Streifen schneiden.

Eisbergsalat grob zerschneiden, waschen und gut abtropfen lassen.

Aus Essig, Senf, Salz, Pfeffer, Zucker und Olivenöl eine Salatsauce schlagen.

Fenchel und Sellerie in eine Schüssel geben und die Sauce unterziehen.

Die Orange schälen und in Würfel schneiden. Den Apfel samt Schale würfeln. Mit dem Eisbergsalat über den Fenchel geben und vorsichtig untermischen. Walnüsse darüberstreuen und sofort servieren.

Nährwerte pro Portion	
Kilokalorien	*250*
Kilojoule	*1040*
Eiweiß/g	*5*
Kohlenhydrate/g	*11*
Fett/g	*19*
Ballaststoffe/g	*5,2*

Lauchsalat

einfach

4 Portionen

- 3 Stangen Lauch
- ½ Bund Frühlingszwiebeln
- 1 Becher Magerjoghurt, 150 g
- Saft von ½ Zitrone
- 1 Prise Zucker
- Salz
- frisch gemahlener Pfeffer
- 2 EL Öl
- 2 Äpfel
- 150 g Edelpilzkäse

Lauch putzen, gründlich waschen und in feine Ringe schneiden. In kochendem Wasser 2 Minuten blanchieren, abgießen und kurz in Eiswasser legen. In einem Durchschlag gut abtropfen lassen.

Frühlingszwiebeln putzen und bis auf die äußersten grünen Blätter sehr fein schneiden.

Joghurt, Zitronensaft, Zucker, Salz, Pfeffer und Öl zu einer Marinade verrühren.

Die Äpfel schälen, vierteln und das Kerngehäuse entfernen. In dünne Scheiben schneiden oder hobeln.

Lauch, Zwiebeln und Apfelscheiben mit der Marinade gut vermischen und vor dem Servieren etwas durchziehen lassen. Vor dem Anrichten den Käse krümelig über den Salat streuen.

Nährwerte pro Portion	
Kilokalorien	*260*
Kilojoule	*1090*
Eiweiß/g	*12*
Kohlenhydrate/g	*14*
Fett/g	*16*
Ballaststoffe/g	*4,9*

Kohlrabi-Paprikasalat

einfach

4 Portionen

4 junge Kohlrabis
1 rote Paprikaschote
1 grüne Paprikaschote
150 g gekochter Schinken
200 g saure Sahne
2 EL Weinessig
1 Prise Zucker
Salz
frisch gemahlener Pfeffer
2 EL Öl
1 EL TK-Salatkräuter

Kohlrabis putzen, schälen und in feine Scheiben schneiden oder hobeln.

Paprikaschoten waschen, halbieren, putzen und in feine Streifen schneiden.

Den gekochten Schinken ohne Fettrand in breite Streifen schneiden. Alle Zutaten in eine Salatschüssel geben.

Für die Sauce die saure Sahne mit Essig, Zucker, Salz, Pfeffer, Öl und den tiefgefrorenen Kräutern verrühren. Über den Salat gießen und gut mischen.

Nährwerte pro Portion	
Kilokalorien	*240*
Kilojoule	*990*
Eiweiß/g	*12*
Kohlenhydrate/g	*8*
Fett/g	*16*
Ballaststoffe/g	*2,4*

Rettich-Radieschensalat

1 Stunde vor dem Servieren zubereiten

einfach

4 Portionen

2 Rettiche
1 Bund Radieschen
100 g Roquefortkäse
200 g Schlagsahne
2 EL Weißweinessig
1 Prise Zucker
Salz
frisch gemahlener Pfeffer
1 Bund Schnittlauch

Rettiche und Radieschen unter fließendem Wasser gründlich abbürsten, Rettiche schälen, Radieschen putzen und beides in hauchdünne Scheiben hobeln.

Den Käse mit einer Gabel zerdrücken. Mit Sahne, Essig, Zucker, wenig Salz und Pfeffer verrühren.

Schnittlauch waschen, mit Küchenpapier trocknen und in Röllchen schneiden. Zur Roquefortsauce geben.

Rettich- und Radieschenscheiben in einer Schüssel mischen, die Sauce darübergießen und vorsichtig unterheben. Den Salat an einem kühlen Ort vor dem Servieren noch 30 Minuten lang durchziehen lassen.

Nährwerte pro Portion	
Kilokalorien	*280*
Kilojoule	*1170*
Eiweiß/g	*8*
Kohlenhydrate/g	*6*
Fett/g	*24*
Ballaststoffe/g	*2*

Marinierte Schalotten

Am Vortag zubereiten

einfach

4 Portionen

- 500 g Schalotten
- 1 Knoblauchzehe
- 250 g Möhren
- 4 EL Olivenöl
- 1 Zitrone
- ⅛ l Weißwein
- 50 g Rosinen
- 1 Lorbeerblatt
- Salz
- frisch gemahlener Pfeffer
- 1 TL Thymian
- 250 g Tomaten

Schalotten und Knoblauch abziehen, den Knoblauch fein hacken. Möhren putzen, schälen und würfeln.

Das Olivenöl in einem Topf erhitzen, Möhren und Knoblauch darin einige Minuten dünsten.

Zitrone auspressen. Den Saft mit Wein, ½ l Wasser, Rosinen, dem Lorbeerblatt, Salz, Pfeffer und Thymian zu den Möhren geben und aufkochen. Schalotten zufügen und bei schwacher Hitze zugedeckt ca. 20 Minuten garen.

In der Zwischenzeit die Tomaten kurz mit kochendem Wasser überbrühen, häuten und in kleine Würfel schneiden.

Das Schalottengemüse mit dem Kochsud in eine Schüssel geben und die gewürfelten Tomaten unterheben. Abkühlen lassen und anschließend im Kühlschrank mindestens 12 Stunden kalt stellen, damit das Gemüse durchziehen kann.

Nährwerte pro Portion	
Kilokalorien	*210*
Kilojoule	*870*
Eiweiß/g	*3*
Kohlenhydrate/g	*19*
Fett/g	*12*
Ballaststoffe/g	*7,2*

Gefüllter Rettich

4 Portionen

2 große weiße Rettiche
100 g Butter
1 EL Sahne
½ TL Salz
¼ TL weißer Pfeffer
100 g Edamer Käse
100 g kalter Braten
1 Gewürzgurke
2 EL Tomatenpaprika
½ Bund Dill
1 Bund Schnittlauch

Möglichst gleichmäßig geformte große Rettiche kaufen. Gut waschen, am dicken Ende abschneiden und mit einem Grapefruit-Messer aushöhlen.

Butter mit Sahne, Salz und Pfeffer schaumig rühren. Käse und Fleisch in kleine Würfelchen schneiden und mit der kleingeschnittenen Gewürzgurke und dem grob gehackten Tomatenpaprika unter die Butter mischen.

Dill und Schnittlauch waschen, trockenschleudern und fein hacken. Die Masse mit den Kräutern würzen, abschmecken und in die Rettiche füllen. Mit einem Löffel festdrücken. In den Kühlschrank legen und gut durchkühlen lassen.

Gefüllte Rettiche auf einem Brett mit Landbrot und Butter servieren.

Nährwerte pro Portion	
Kilokalorien	*350*
Kilojoule	*1460*
Eiweiß/g	*13*
Kohlenhydrate/g	*3*
Fett/g	*30*
Ballaststoffe/g	*1,6*

Griechische Zwiebelchen

Mehrere Stunden im voraus oder am Vortag zubereiten.

einfach, braucht Zeit

6 Portionen

1 kg Frühlingszwiebeln
Für die Marinade:
300 ml Weißwein
200 ml Fleischbrühe
5 EL Öl
Saft von ½ Zitrone
Salz
frisch gemahlener weißer Pfeffer
Für den Gewürzbeutel:
3 Stengel Petersilie
3 Zweige frischer Fenchel
1 Zweig frischer Thymian
10 Pfefferkörner
10 Korianderkörner
3 Knoblauchzehen
1 Bund Petersilie

Die Frühlingszwiebeln waschen, putzen und das Grün abschneiden. Die Zwiebellauchstangen für ein anderes Gericht aufbewahren.

Die Zutaten für die Marinade in einem Topf mischen. Alle Gewürze in einen Mullbeutel geben. Mit einem Baumwollfaden zubinden und in die Marinade hängen.

Nun 15 Minuten kochen lassen. Die Zwiebeln zugeben, kurz aufkochen und dann noch 2–3 Minuten ziehen lassen.

Den Gewürzbeutel entfernen und die Zwiebeln in der

Marinade auskühlen lassen.
Beim Servieren in eine Schüssel füllen und mit grob gehackter Petersilie bestreuen.

Nährwerte pro Portion	
Kilokalorien	*150*
Kilojoule	*640*
Eiweiß/g	*2*
Kohlenhydrate/g	*9*
Fett/g	*10*
Ballaststoffe/g	*4,6*

Russischer Cocktail

einfach

4 Portionen

2 Hühnerbrustfilets
Salz, Pfeffer
Öl für die Folie
2 Kartoffeln
1 große Möhre
½ Salatgurke
3 Frühlingszwiebeln
1 roter Apfel
4 Cornichons
8 grüne Oliven
2 EL TK-Erbsen
100 g gekochte Krabben
Sauce:
2 Eigelb
1 TL Senf
je 1 Prise Salz, Pfeffer und Zucker
100 ml Olivenöl
Zitronensaft
100 g Schlagsahne
½ Bund Dill

Den Backofen auf 200 °C vorheizen. Die Hühnerbrustfilets mit Salz und Pfeffer einreiben. Ein passendes Stück Alufolie mit Öl bestreichen, Hühnerbrust darauflegen und das Päckchen fest schließen. Das Hühnerfleisch im vorgeheizten Backofen auf dem Rost etwa 15 Minuten garen.

Inzwischen die Kartoffeln in etwas Salzwasser als Pellkartoffeln kochen, abgießen, kalt spülen und pellen.

Gegartes Hühnerfleisch und gekochte Kartoffeln in kleine Würfel schneiden.

Die Möhre schälen und in wenig Wasser knapp weich kochen, dann würfeln. Die Salatgurke waschen, entkernen und samt Schale in kleine Würfel schneiden. Frühlingszwiebeln waschen, putzen und in Röllchen schneiden. Den Apfel waschen, vierteln, entkernen und samt Schale würfeln.

Die Cornichons und die Oliven in Scheiben schneiden. Die Erbsen in wenig Salzwasser 5 Minuten dünsten, dann abtropfen lassen.

Alle Salatzutaten mit den Krabben vermischen und kalt stellen.

Für die Sauce Eigelb, Senf und Gewürze glattrühren. Olivenöl erst tropfenweise, dann im dünnen Strahl zugeben und dabei kräftig mit dem Schneebesen schlagen, bis die Mayonnaise dick ist. Mit Salz, Pfeffer und etwas Zitronensaft würzig abschmecken und mit der Sahne verrühren.

Die Sauce über die Salatmischung verteilen und einmal vorsichtig durchmischen. Den Cocktail zugedeckt im Kühlschrank mindestens 1 Stunde ziehen lassen. Vor dem Servieren noch einmal abschmecken und mit Dillspitzen garnieren.

Nährwerte pro Portion	
Kilokalorien	*550*
Kilojoule	*2320*
Eiweiß/g	*26*
Kohlenhydrate/g	*18*
Fett/g	*39*
Ballaststoffe/g	*3,6*

Gefüllte Syrakuser Zwiebeln

einfach

4 Portionen

4 Gemüsezwiebeln, ca. 600 g	
4 Gewürznelken	
Salz	
Saft von 1 Zitrone	
Füllung:	
2 Ölsardinen	
60 g Semmelbrösel	
1 EL Sardinenöl	
50 g Schafskäse	
50 g Salamiwurst	
1 Ei, gekocht	
1 Bund glatte Petersilie	
Saft von ½ Zitrone	
Pfeffer	
2 EL Öl	
50 g abgezogene Mandeln	

Die Zwiebeln abziehen, mit den Gewürznelken spicken und in 1 l Salzwasser 10 Minuten bei mittlerer Hitze vorkochen. Zitronensaft zugeben.

Mit einem scharfen Messer die Zwiebeln aushöhlen und das Innere würfeln. Die Zwiebeln kalt stellen.

Die Ölsardinen entgräten und in eine Schüssel geben. Die Semmelbrösel mit Sardinenöl verrühren und zufügen. Den Käse fein zerbröseln, Salami und das Ei würfeln und mit den Zwiebelwürfeln verarbeiten. Petersilie waschen, kleinschneiden und dazugeben. Mit Zitronensaft beträufeln, nach Geschmack salzen und pfeffern.

Die Zwiebeln mit der Masse füllen.

Eine feuerfeste Schüssel mit Öl auspinseln, die Zwiebeln hineinsetzen, mit den Mandeln bestreuen und bei 180 °C etwa 30 Minuten bräunen. Heiß auftragen.

Nährwerte pro Portion	
Kilokalorien	*420*
Kilojoule	*1770*
Eiweiß/g	*16*
Kohlenhydrate/g	*21*
Fett/g	*28*
Ballaststoffe/g	*7,7*

Zwiebelröhrlstrudel

einfach

8 Portionen

Für den Teig:
350 g Mehl
1 Ei
1 TL Essig
½ TL Salz
60 g flüssige Butter
Für die Füllung:
600 g Zwiebellauch (der grüne Teil von Frühlingszwiebeln)
250 g geräucherter Frühstücksspeck am Stück
6 Eier
150 g weiche Butter
Salz
Pfeffer
Muskatnuß
6 EL Semmelbrösel
150 g flüssige Butter zum Bestreichen

Für den Teig Mehl, Ei, Essig, Salz, 8 Eßlöffel Wasser und die abgekühlte, flüssige Butter zu einem Teig verarbeiten. In Frischhaltefolie wickeln und 30 Minuten ruhen lassen.

Inzwischen die Füllung zubereiten: Zwiebellauch waschen, gut abtropfen lassen und in ca. 1 cm breite Röllchen schneiden.

Frühstücksspeck würfeln und in einer heißen Pfanne ausbraten. Je nach Fettgehalt eventuell etwas Butter dazugeben und den Zwiebellauch unter ständigem Wenden kurz dünsten.

6 Eigelb mit der weichen Butter schaumig rühren, die etwas abgekühlte Speck-Lauch-Mischung unterziehen und würzen. Semmelbrösel einrühren.

Eiweiß zu steifem Schnee schlagen und vorsichtig unterheben.

Den Strudelteig halbieren, ausrollen und zu zwei großen Rechtecken dünn über den Handrücken ausziehen.

Jeden Teig für sich auf einem bemehlten Küchentuch mit etwas flüssiger Butter bestreichen, die Hälfte der Füllung darauf verteilen und den Strudel zusammenrollen.

Beide Strudel nebeneinander auf ein gebuttertes Backblech legen, mit flüssiger Butter bestreichen und in dem vorgeheizten Ofen bei 200 °C etwa 40 Minuten backen.

Am besten lauwarm servieren.

Nährwerte pro Portion	
Kilokalorien	*840*
Kilojoule	*3520*
Eiweiß/g	*16*
Kohlenhydrate/g	*43*
Fett/g	*64*
Ballaststoffe/g	*2,1*

Gefüllte Gemüsezwiebeln

braucht Zeit

4 Portionen

- 4 große Gemüsezwiebeln
- 250 g Champignons
- 1 Knoblauchzehe
- 2 EL Butter
- 1 Bund glatte Petersilie
- frisch gemahlener Pfeffer
- Salz
- Saft von 1 Zitrone
- ⅜ l Brühe
- 2 EL Semmelbrösel

Den Wurzelansatz der Zwiebeln abschneiden, Zwiebeln abziehen. Den oberen Teil der Zwiebeln abschneiden und mit einem Teelöffel die Zwiebeln bis auf die äußeren 3 Schichten aushöhlen. Das herausgeschälte Fleisch hacken.

Champignons putzen, unter fließendem Wasser waschen und mit Küchenpapier trockentupfen. Pilze zuerst in Scheiben schneiden, dann fein hacken.

Knoblauchzehe abziehen und ebenfalls hacken.

In einer großen Pfanne die Butter schmelzen. Das Zwiebelfleisch und den Knoblauch darin andünsten. Die Champignons hinzufügen und unter ständigem Rühren so lange schmoren, bis alle Flüssigkeit verdampft ist.

Petersilie waschen, trockentupfen und hacken. Zu den Champignons geben, mit frisch gemahlenem Pfeffer, etwas Salz und dem Zitronensaft würzen.

Die ausgehöhlten Zwiebeln mit der Champignonfarce füllen und in eine feuerfeste Form stellen. Die Brühe angießen und die Semmelbrösel über die Füllung streuen.

Form mit Alufolie locker abdecken und im vorgeheizten Backofen bei 180 °C auf der mittleren Schiene 50 Minuten garen. Die Folie abnehmen, Zwiebelfüllung mit Brühe begießen und weitere 10 Minuten garen, bis die Füllung oben eine braune Kruste bildet.

Nährwerte pro Portion	
Kilokalorien	*160*
Kilojoule	*660*
Eiweiß/g	*5*
Kohlenhydrate/g	*17*
Fett/g	*7*
Ballaststoffe/g	*7,2*

Florentiner Sellerie

einfach, braucht Zeit

4 Portionen

1 kleine Zwiebel
2 Knoblauchzehen
1 EL Öl
300 g TK-Blattspinat
Salz
geriebene Muskatnuß
1 große Sellerieknolle
1 Ei
100 g Semmelbrösel
40 g Butter
Käsesauce:
1 EL Butter
1 EL Mehl
100 ml Selleriekochwasser
100 ml Milch
60 g geriebener Käse
weißer Pfeffer
Butter für die Auflaufform

Die Zwiebel und die Knoblauchzehen abziehen und sehr fein hacken.

Die Zwiebel im Öl glasig dünsten, Knoblauch, den tiefgefrorenen Blattspinat und etwas Wasser dazugeben. Unter gelegentlichem Umrühren ca. 15 Minuten dünsten, bis der Spinat ganz aufgetaut ist. Mit Salz und etwas geriebener Muskatnuß würzen.

In der Zwischenzeit die Sellerieknolle waschen, schälen und in 4 gleich dicke Scheiben schneiden.

In ¾ l Salzwasser ca. 10 Minuten kochen, herausheben und auf einem Sieb gut abtropfen lassen. Den Sud aufheben.

Selleriescheiben erst in verquirltem Ei und dann in Semmelbröseln wenden.

Butter in einer Pfanne zerlassen und die panierten Selleriescheiben darin auf beiden Seiten goldbraun ausbacken.

In eine ausgebutterte feuerfeste Auflaufform legen und den Blattspinat darauf verteilen.

Für die Käsesauce Butter in einem Topf zerlassen und das Mehl darin kurz anschwitzen. Selleriekochwasser und Milch mischen und unter ständigem Rühren zugießen. Einige Minuten köcheln lassen, bis eine sämige Sauce entsteht. Käse einrühren, mit Pfeffer und etwas Salz abschmecken.

Käsesauce über den Spinat gießen. Im vorgeheizten Backofen bei 225 °C auf der mittleren Schiene ca. 20 Minuten überbacken, bis der Käse braun wird.

Nährwerte pro Portion	
Kilokalorien	*390*
Kilojoule	*1630*
Eiweiß/g	*16*
Kohlenhydrate/g	*27*
Fett/g	*22*
Ballaststoffe/g	*8,2*

Fenchelrisotto

einfach

4 Portionen

3 Fenchelknollen
1 kleine Zwiebel
60 g Butter
300 g Reis
1 l Fleischbrühe
60 g Parmesankäse
Salz
Pfeffer

Den Fenchel putzen, waschen, halbieren und in feine Scheiben schneiden.

Zwiebel abziehen und sehr fein hacken.

In einer Kasserolle 40 g Butter schmelzen, Zwiebel darin andünsten. Fenchel zufügen und von allen Seiten anbraten.

Reis im Sieb unter fließendem Wasser waschen, abtropfen lassen und ebenfalls zum Fenchel geben. Mit einem Teil der Fleischbrühe aufgießen. Bei schwacher Hitze köcheln lassen. Dabei von Zeit zu Zeit umrühren und immer wieder etwas Fleischbrühe nachgießen, bis der Reis schön körnig und gar ist.

Parmesan reiben und zusammen mit der restlichen Butter unter den Risotto rühren. Mit Salz und frisch gemahlenem Pfeffer abschmecken.

Nährwerte pro Portion	
Kilokalorien	*490*
Kilojoule	*2060*
Eiweiß/g	*15*
Kohlenhydrate/g	*64*
Fett/g	*17*
Ballaststoffe/g	*4,8*

Fenchel im Hemd

einfach

2 Portionen

- 1 mittelgroße Fenchelknolle
- Salz
- frisch gemahlener Pfeffer
- 2 dünne Scheiben gekochter Schinken
- 4 Schmelzkäse-Scheiben
- Fett für die Form

Die Fenchelknolle waschen, die äußeren harten Blätter ablösen. Den Strunk abschneiden. Die Knolle längs vierteln. In wenig Salzwasser knapp 10 Minuten dünsten.

Abtropfen lassen, mit Pfeffer bestreuen, je mit einer halben Schinkenscheibe und mit einer Käsescheibe umwickeln. Kreisförmig in einer gefetteten Gratinform anordnen. Unter dem heißen Grill im Backofen gratinieren, bis der Käse goldbraun ist.

Variation:
Statt Schmelzkäse können Sie auch Butterkäse in nicht zu dünnen Scheiben verwenden. Für eine dicke Kruste und noch mehr Käsegeschmack eine Mornaysauce über das Gemüse träufeln. Dafür eine dicke Béchamelsauce kochen und mit reichlich geriebenem Käse und Muskatnuß würzen. Unter dem heißen Grill gratinieren.

Nährwerte pro Portion	
Kilokalorien	*260*
Kilojoule	*1100*
Eiweiß/g	*14*
Kohlenhydrate/g	*9*
Fett/g	*18*
Ballaststoffe/g	*5*

Nährwerte pro Portion	
Kilokalorien	460
Kilojoule	1950
Eiweiß/g	16
Kohlenhydrate/g	16
Fett/g	35
Ballaststoffe/g	8

Pariser Zwiebeln

Als Vorspeise oder Beilage zu gebratenem Kalb- oder Rindfleisch

2 Portionen

- 250 g Lauch
- 20 g Butter
- 100 g Sahne
- 1 großes Ei
- Salz
- Pfeffer
- 50 g geriebener Emmentaler
- 1 große Gemüsezwiebel, ca. 350 g
- Butter für die Auflaufform
- 1 EL trockener Wermut
- 1 Messerspitze geriebene Muskatnuß

Lauch putzen und in feine Ringe schneiden. In einem Topf in Butter andünsten. Sahne zugießen und 10 Minuten sanft kochen lassen.

Ei trennen und das Eigelb unter das Lauchgemüse rühren. Mit Salz und Pfeffer würzen, den Käse untermischen.

Zwiebel abziehen, 5 Minuten blanchieren und halbieren, mit einem Löffel vorsichtig aushöhlen. Die ausgehöhlten Zwiebelhälften mit dem Lauchgemüse füllen, in eine gebutterte feuerfeste Form setzen und mit Wermut beträufeln.

Im vorgeheizten Backofen bei 200 °C auf der mittleren Schiene ca. 20 Minuten überbacken.

Das Eiweiß sehr steif schlagen, mit Salz und Muskatnuß würzen und mit einem Löffel vorsichtig auf die gefüllten Zwiebeln setzen. Weitere 5–7 Minuten überbacken, bis der Eischnee braun wird.

Zwiebeltorte

einfach, braucht Zeit

6 Portionen

- 150 g Mehl
- 75 g Butter
- 1 Ei
- Salz
- 500 g Gemüsezwiebeln
- 2 EL Olivenöl
- 12 Sardellenfilets
- 1–2 Knoblauchzehen
- Pfeffer
- 1 TL gerebelter Majoran
- Butter für die Form
- 150 g schwarze Oliven
- Olivenöl zum Beträufeln

Mehl, Butter, Ei und 1 Prise Salz verkneten und den Teig anschließend für etwa 2 Stunden in den Kühlschrank stellen.

Für den Kuchenbelag die Zwiebeln abziehen, halbieren und in feine Streifen schneiden.

In Olivenöl hellblond andünsten, vom Herd nehmen und abkühlen lassen.

Sardellenfilets 20 Minuten wässern.

Knoblauchzehen abziehen, zu den Zwiebeln pressen, Salz, Pfeffer und Majoran daruntermischen.

Eine Springform von

22 cm Durchmesser ausbuttern.

Den Teig ca. ½ cm dünn auswellen, die Kuchenform damit auslegen, am Rand hochziehen. Mit den Zwiebeln belegen.

Oliven entsteinen und halbieren. Den Kuchen mit den abgetropften Sardellenfilets und Oliven garnieren, und etwas Olivenöl darüberträufeln.

Im vorgeheizten Backofen auf der mittleren Schiene bei 200 °C ca. 30 Minuten backen.

Die Zwiebeltorte lauwarm mit gemischtem Salat servieren.

Nährwerte pro Portion	
Kilokalorien	*330*
Kilojoule	*1370*
Eiweiß/g	*8*
Kohlenhydrate/g	*23*
Fett/g	*21*
Ballaststoffe/g	*3,2*

Bauernfrühstück

einfach

2 Portionen

2 mittelgroße Kartoffeln
Salz
1 EL Butterschmalz
1 Zwiebel
50 g geräucherter Schinkenspeck
100 g Hartwurst
2 Eier
2 EL Schlagsahne
Pfeffer

Die Kartoffeln waschen und in der Schale in Salzwasser kochen. Abgießen, kurz mit kaltem Wasser abschrecken, schälen und in grobe Würfel schneiden.

In einer großen Pfanne das Butterschmalz erhitzen und die Kartoffeln darin auf allen Seiten goldbraun braten.

Zwiebeln abziehen und in feine Ringe schneiden. Speck und Wurst würfeln. Alles unter die Kartoffeln geben und kurz mitrösten.

Eier und Sahne verquirlen und mit Salz und Pfeffer würzen.

Die Eiermasse über die Kartoffeln gießen und bei schwacher Hitze einige Minuten stocken lassen, dabei einmal vorsichtig umrühren.

Mit einer großen Schüssel gemischtem Salat wird das Bauernfrühstück zu einem kompletten Mittag- oder Abendessen.

Nährwerte pro Portion	
Kilokalorien	*680*
Kilojoule	*2860*
Eiweiß/g	*28*
Kohlenhydrate/g	*21*
Fett/g	*50*
Ballaststoffe/g	*3,3*

Tortilla

einfach

4 Portionen

800 g festkochende Kartoffeln
Salz
1 Zweig frischer Rosmarin
2 EL Olivenöl
2 EL Butter
2 große Gemüsezwiebeln
2 Knoblauchzehen
1 frische grüne Chilischote
1 gelbe Paprikaschote
6 Eier
125 g Schlagsahne
Pfeffer
3 Zweige frischer Thymian
1 Bund glatte Petersilie

Die Kartoffeln waschen, in der Schale mit dem Rosmarinzweig in Salzwasser kochen. Abgießen, etwas abkühlen und in Scheiben schneiden.

Olivenöl und Butter in einer großen Pfanne erhitzen. Die Kartoffelscheiben darin goldbraun braten.

Die Zwiebeln und die Knoblauchzehen abziehen und fein hacken.

Chili- und Paprikaschote halbieren. Stielansatz und alle Kerne sorgfältig entfernen und in feine Würfel schneiden.

Zwiebeln, Knoblauch und Gemüse zu den Kartoffeln geben, vorsichtig untermischen und einige Minuten mitbraten. Die Eier mit der Schlagsahne verquirlen, mit Salz und Pfeffer würzen. Die Thymianblättchen von den Zweigen zupfen und zwischen den Handflächen zerreiben. Die Petersilie waschen, mit Küchenpapier trocknen und fein hacken. Kräuter unter die Eimasse ziehen.

Eier über das Kartoffelgemüse gießen und bei schwacher Hitze stocken lassen.

Dazu paßt Tomaten- oder gemischter Salat. Die Tortilla schmeckt auch kalt gut.

Nährwerte pro Portion	
Kilokalorien	*560*
Kilojoule	*2340*
Eiweiß/g	*18*
Kohlenhydrate/g	*44*
Fett/g	*31*
Ballaststoffe/g	*8,9*

Kartoffelauflauf

einfach

4 Portionen

1 kg Kartoffeln
Salz
200 g Shii-Take-Pilze
Butter für die Auflaufform
1 EL frische Rosmarinnadeln
1 EL geschälte Sonnenblumenkerne
¼ l Milch
2 Eier
150 g geriebener Käse
1 Messerspitze geriebene Muskatnuß
frisch gemahlener Pfeffer

Die Kartoffeln waschen, schälen und in sehr feine Scheiben schneiden.

In kochendem Salzwasser 2 Minuten blanchieren, abschütten.

Pilze putzen, unter fließendem Wasser waschen, mit Küchenpapier trockentupfen und in Scheibchen schneiden.

Eine Auflaufform ausbuttern und die Hälfte der Kartoffelscheiben hineinschichten. Pilze, Rosmarinnadeln und Sonnenblumenkerne darüber verteilen und die restlichen Kartoffeln darauf geben.

Milch mit Eiern und Käse verrühren, mit Muskat, Salz und Pfeffer würzen. Über den Auflauf gießen.

Die Auflaufform mit Alufolie abdecken. Im vorgeheizten Backofen auf der mittleren Schiene bei 200 °C ca. 20 Minuten überbacken. Die Alufolie entfernen und weitere 10 Minuten bei gleicher Hitze gratinieren.

Ein vollwertiges Gericht, zu dem gemischter Salat oder eine Rohkostplatte passen.

Nährwerte pro Portion	
Kilokalorien	*490*
Kilojoule	*2070*
Eiweiß/g	*23*
Kohlenhydrate/g	*53*
Fett/g	*18*
Ballaststoffe/g	*6,9*

Kartoffelpuffer

einfach

4 Portionen

1 kg Kartoffeln
2 Eier
1 TL Salz
Öl oder Butterschmalz zum Braten

Die Kartoffeln schälen, waschen und grob reiben oder mit der Küchenmaschine nicht zu fein zerkleinern. In ein Küchentuch wickeln und den Saft gründlich auspressen. Sofort in eine Schüssel geben und mit den Eiern und Salz verrühren.

In einer schweren Pfanne so viel Fett erhitzen, daß der Boden bedeckt ist. Löffelweise den Kartoffelteig hineingeben, zu kleinen Puffern flach drücken und von beiden Seiten goldbraun braten. Erst wenden, wenn die Unterseite knusprig ist, eventuell noch etwas Fett in die Pfanne geben.

Sofort servieren.

Knusprige Kartoffelpuffer schmecken mit Zimtzucker bestreut und mit Apfelmus serviert. Als echte Reiberdatschi dürfen sich die Puffer bezeichnen, die zusätzlich zu den oben angegebenen Zutaten noch geriebene Zwiebel im Teig enthalten. Sie können ebenfalls süß mit Apfelmus serviert werden, schmecken aber auch mit würzigem Sauerkraut als Beilage.

Nährwerte pro Portion	
Kilokalorien	*480*
Kilojoule	*2000*
Eiweiß/g	*8*
Kohlenhydrate/g	*35*
Fett/g	*35*
Ballaststoffe/g	*6*

Kartoffelpuffer mit Räucherlachs und Kaviar

einfach

4 Portionen

1 kg festkochende Kartoffeln
2 Eier
1 TL Salz
2 Zwiebeln
1 EL Mehl
Öl zum Backen
200 g Crème fraîche
200 g Räucherlachs
100 g Keta-Kaviar

Vier Puffer, wie im Grundrezept beschrieben, backen.

Puffer und Räucherlachs auf 2 Tellern anrichten. Crème fraîche zum Lachs geben und mit dem Kaviar garnieren.

Variation:
2 bis 3 Stengel Dill zupfen, fein hacken und mit der Crème fraîche verrühren.

Nährwerte pro Portion	
Kilokalorien	*820*
Kilojoule	*3440*
Eiweiß/g	*35*
Kohlenhydrate/g	*55*
Fett/g	*45*
Ballaststoffe/g	*7,6*

Kartoffelpuffer mit Rahmpilzen

einfach

4 Portionen

500 g Pfifferlinge
1 kg festkochende Kartoffeln
2 Eier
Salz
2 Zwiebeln
1 EL Mehl
5 EL Öl zum Backen
2 EL Butter
200 g Schlagsahne
2 EL Crème fraîche
Saft von 1 Zitrone
weißer Pfeffer
1 Bund glatte Petersilie

Die Pfifferlinge putzen, kurz unter fließendem Wasser waschen, mit Küchenpapier trockentupfen. Die größeren Pilze in Streifen schneiden.

Die Kartoffelpuffer, wie im Grundrezept beschrieben, backen. Den Backofen auf 100 °C vorheizen. Backblech mit Küchenpapier belegen und die fertigen Puffer darauf geben, im Ofen warm stellen.

In einer Kasserolle die Butter schmelzen, Pilze darin anbraten. Mit Sahne ablöschen und 5 Minuten köcheln lassen. Senf, Crème fraîche und Saft von 1 Zitrone einrühren, mit Salz und Pfeffer würzen.

Petersilie waschen, trockentupfen und fein hacken. Kurz vor dem Servieren unter das Pilzgemüse geben.

Nährwerte pro Portion	
Kilokalorien	*690*
Kilojoule	*2880*
Eiweiß/g	*13*
Kohlenhydrate/g	*51*
Fett/g	*45*
Ballaststoffe/g	*8,5*

Kartoffel-Gemüsepuffer mit Paprikaquark

4 Portionen

1 grüne Paprikaschote
1 Schalotte
2 Knoblauchzehen
500 g Quark, 20 %
2 EL Crème fraîche
1 TL Paprikapulver, edelsüß
Salz
1 Prise Zucker
Pfeffer
1 Bund Schnittlauch
1 Stange Lauch
1 Zwiebel
2 EL Butter
500 g festkochende Kartoffeln
2 große Möhren
4 EL Weizenvollkornmehl
1 Prise gerebelter Majoran
1 Prise Liebstöckel
5 EL Öl zum Backen

Die Paprikaschote putzen, halbieren, die Kerne entfernen, Schote klein würfeln.

Schalotte und Knoblauchzehen abziehen, Schalotte fein hacken.

Den Quark mit der Crème fraîche glattrühren. Paprikawürfel, Schalotte und durchgepreßten Knoblauch untermischen. Mit Paprikapulver, Salz, Zucker und Pfeffer abschmecken.

Schnittlauch waschen und mit Küchenpapier trockentupfen, in Röllchen schneiden und zum Quark geben.

Für die Gemüsepuffer den Lauch putzen und gründlich waschen, in feine Ringe schneiden. Die Zwiebel abziehen und hacken.

In einem Topf die Butter schmelzen. Zwiebel und Lauch darin 10 Minuten dünsten. Anschließend in ein Sieb gießen und gut abtropfen lassen.

Kartoffeln und Möhren waschen, schälen und groß raspeln. Mit dem Lauchgemüse und dem Mehl vermischen und mit Salz, Pfeffer, Majoran und Liebstöckel würzen.

Öl in einer großen Eisenpfanne erhitzen. Aus dem Teig kleine Puffer formen und sofort im heißen Öl ausbacken, damit das Gemüse keine Feuchtigkeit mehr ziehen kann. Gemüsepuffer auf beiden Seiten goldbraun backen und mit dem Paprikaquark servieren.

Wer es deftiger liebt, gibt unter den Pufferteig noch 150 g kleingeschnittenen Schinkenspeck.

Nährwerte pro Portion	
Kilokalorien	*530*
Kilojoule	*2200*
Eiweiß/g	*22*
Kohlenhydrate/g	*39*
Fett/g	*28*
Ballaststoffe/g	*7,6*

Kartoffelpuffer mit Blattspinat

einfach

4 Portionen

3 Zwiebeln
1 Knoblauchzehe
1 EL Butter
100 g Schinkenspeck
300 g TK-Blattspinat
Salz
Pfeffer
1 Messerspitze geriebene Muskatnuß
1 kg festkochende Kartoffeln
2 Eier
1 EL Mehl
5 EL Öl zum Backen
150 g Roquefortkäse

Eine Zwiebel und die Knoblauchzehe abziehen und fein hacken.

Butter in einem Topf schmelzen, Zwiebel und Knoblauch darin hellgold andünsten.

Schinkenspeck fein würfeln und dazugeben. Blattspinat und ½ Tasse Wasser

zufügen und zugedeckt ca. 15 Minuten dünsten, bis der Spinat ganz aufgetaut ist. Mit Salz, Pfeffer und Muskatnuß würzen. Spinat abgießen und auf einem Sieb gut abtropfen lassen.

Kartoffelpuffer, wie im Grundrezept beschrieben, backen. Auf ein Backblech legen und den Spinat auf die Puffer verteilen. Roquefort zerbröseln und darüberstreuen.

Im vorgeheizten Backofen auf der oberen Schiene bei 200 °C 15 Minuten überbakken, bis der Käse geschmolzen ist.

Dazu paßt Tomatensalat.

Nährwerte pro Portion	
Kilokalorien	*710*
Kilojoule	*2970*
Eiweiß/g	*25*
Kohlenhydrate/g	*48*
Fett/g	*42*
Ballaststoffe/g	*9,2*

Kartoffelpflanzerl

einfach

4 Portionen

1 kg mehlige Kartoffeln
Salz
150 g Mehl
50 g Semmelbrösel
2 Eier
100 g geräucherter Schweinebauch
1 Zwiebel
frisch gemahlener Pfeffer
3 EL Butterschmalz
150 g Crème fraîche
100 g saure Sahne
1 Bund Schnittlauch

Die Kartoffeln waschen und in Salzwasser ca. 25 Minuten als Pellkartoffeln kochen. Fertige Kartoffeln abgießen, kalt spülen, schälen und noch warm durch die Kartoffelpresse drücken.

Den Kartoffelschnee mit Mehl, 1 Teelöffel Salz, den Semmelbröseln und den Eiern rasch zu einem Teig verkneten.

Den Schweinebauch sehr fein würfeln und in einer heißen, trockenen Pfanne auslassen.

Die Zwiebel abziehen und ebenfalls sehr fein hacken. Die Zwiebelwürfel im Speckfett andünsten.

Schweinebauch und Zwiebel unter den Kartoffelteig mischen, mit Salz und Pfeffer abschmecken.

Aus dem Kartoffelteig 8 Pflanzerl formen.

1 Eßlöffel Butterschmalz in der Pfanne zerlassen und die Pflanzerl einige Minuten bei starker Hitze anbraten. Dann die Hitze zurückschalten und vor dem Wenden der Pflanzerl das restliche Butterschmalz zugeben. Bratzeit insgesamt etwa 10 Minuten.

Für die Sauce Crème fraîche, saure Sahne, Salz und Pfeffer verrühren. Den Schnittlauch waschen, trockenschleudern, sehr fein hacken und in die Sauce mischen.

Die Kartoffelpflanzerl frisch aus der Pfanne mit der Schnittlauchsauce servieren. Dazu paßt Feldsalat.

Nährwerte pro Portion	
Kilokalorien	*780*
Kilojoule	*3270*
Eiweiß/g	*8*
Kohlenhydrate/g	*61*
Fett/g	*52*
Ballaststoffe/g	*6,3*

Buntes Kartoffelgemüse

einfach

2 Portionen

2 große Kartoffeln
Salz
½ Bund Frühlingszwiebeln
½ rote Paprikaschote
2 EL Butter
1 Knoblauchzehe
100 g gekochter Schinken
⅛ l Brühe
1 Messerspitze Paprika, edelsüß
Pfeffer
½ Bund Schnittlauch

Kartoffeln waschen, in der Schale in Salzwasser kochen, bis sie fast weich sind. Abgießen, schälen und in große Würfel schneiden.

Frühlingszwiebeln putzen und in Ringe schneiden. Paprika waschen, Stiel und Kerne entfernen, würfeln und mit den Zwiebeln in einer großen Pfanne mit Butter andünsten.

Knoblauchzehe abziehen, fein hacken und zum Gemüse geben.

Schinken in feine Streifen schneiden. Zusammen mit den Kartoffeln dem Gemüse zufügen. Vorsichtig untermischen, die Brühe angießen und mit dem Paprikapulver, Salz und frisch gemahlenem Pfeffer würzen. Alles bei geschlossenem Deckel 15 Minuten auf kleiner Flamme ziehen lassen.

Schnittlauch in feine Röllchen schneiden und kurz vor dem Anrichten darüberstreuen.

Nährwerte pro Portion	
Kilokalorien	*330*
Kilojoule	*1390*
Eiweiß/g	*14*
Kohlenhydrate/g	*22*
Fett/g	*19*
Ballaststoffe/g	*3,4*

Kohlrabi, Norweger Art

braucht Zeit

4 Portionen

4 große Kohlrabis
Salz
1 Bund Dill
200 g Fischfilet
Sauce:
40 g Butter
40 g Mehl
200 g Schlagsahne
Saft von 1 Zitrone
Pfeffer
Weißwein
250 g rohe Krabben
Butter für die Auflaufform

Kohlrabis schälen und in Salzwasser 15 Minuten kochen. Herausheben, auf einem Sieb abtropfen lassen und vorsichtig mit einem Teelöffel aushöhlen.

Den Dill fein hacken. Das Fischfilet in kleine Würfel schneiden.

In einem kleinen Topf die Butter zerlassen, das Mehl darin kurz anschwitzen. Unter ständigem Rühren Milch und Sahne zugießen. Mit Zitronensaft, Salz, Pfeffer und einem Schuß Weißwein abschmecken. Die Sauce 5 Minuten köcheln lassen, die Krabben, die Fischwürfel und den gehackten Dill untermischen.

Kohlrabis in eine gebutterte feuerfeste Form setzen, mit der Krabben-Fisch-Sauce füllen und im vorgeheizten Backofen bei 200 °C ca. 15 Minuten auf der mittleren Schiene überbacken.

Nährwerte pro Portion	
Kilokalorien	*420*
Kilojoule	*1770*
Eiweiß/g	*27*
Kohlenhydrate/g	*16*
Fett/g	*25*
Ballaststoffe/g	*2,3*

Selleriecremesuppe nach Veroneser Art

4 Portionen

- 1 Stange Lauch
- 500 g Knollensellerie
- 150 g Möhren
- 30 g Butter
- Salz
- Pfeffer
- 1 l Fleischbrühe
- ½ Bund krause Petersilie
- 1 Brötchen
- 150 g Schlagsahne
- 1 Eigelb
- 50 g Parmesankäse, gerieben

Lauch putzen, gut waschen und in Ringe teilen. Sellerie und Möhren putzen, waschen, in dünne Stifte schneiden und in der Hälfte der Butter weich dünsten, dann den Lauch darauf geben. Das Gemüse durchrühren, salzen, pfeffern und einige Minuten bei starker Hitze weiterdünsten; mit Brühe aufgießen und zugedeckt bei mittlerer Hitze 10 Minuten garen. In der Zwischenzeit die Petersilie waschen und fein wiegen.

Das Brötchen in Würfel schneiden und in dem restlichen Fett anrösten. Beiseite stellen.

Anschließend das Gemüse mit einer Schaumkelle aus der Brühe heben, durch ein Sieb passieren oder mit einem Pürierstab pürieren und nochmals in der Brühe aufkochen.

Schlagsahne schaumig schlagen, mit Eigelb und dem Parmesankäse vermengen und flink in die Suppe einrühren. Nicht mehr aufkochen lassen!

Die Suppe portionsweise verteilen und eventuell mit einem gehackten Sellerieblatt bestreuen.

Die Brötchenwürfel dazu reichen. Auch gut gekühlt schmeckt die Suppe vorzüglich.

Variante:
Statt Möhren eine zerquetschte Knoblauchzehe dazugeben und den Parmesankäse durch Roquefortkäse ersetzen.

Nährwerte pro Portion	
Kilokalorien	*280*
Kilojoule	*1180*
Eiweiß/g	*12*
Kohlenhydrate/g	*13*
Fett/g	*19*
Ballaststoffe/g	*6*

Provenzalische Zwiebelsuppe

einfach

4 Portionen

200 g Zwiebeln
75 g Butter
1 l Milch
1 EL Mehl
Salz
Pfeffer
2 Eigelb
200 g Schlagsahne
100 g geriebener Käse

Zwiebeln abziehen, halbieren und in feine Scheiben schneiden.

Zwei Drittel der Butter in einem Topf zerlassen und die Zwiebeln darin hellgelb andünsten.

In der Zwischenzeit die Milch zum Kochen bringen.

Zwiebeln mit Mehl bestäuben und umrühren, damit sich das Mehl mit Zwiebeln und Butter verbindet. Mit der kochenden Milch ablöschen, dabei weiterrühren, um Klümpchen zu vermeiden. Die Suppe 20 Minuten bei schwacher Hitze köcheln lassen. Anschließend mit Salz und frisch gemahlenem Pfeffer abschmecken.

Eigelb mit Schlagsahne verquirlen und in die Suppe rühren. Vorsicht: Sie darf danach nicht mehr kochen!

Die Zwiebelsuppe mit der restlichen Butter verfeinern, in 4 Suppenschalen verteilen und den geriebenen Käse darauf streuen.

Nährwerte pro Portion	
Kilokalorien	*630*
Kilojoule	*2640*
Eiweiß/g	*19*
Kohlenhydrate/g	*19*
Fett/g	*51*
Ballaststoffe/g	*1,4*

Gratinierte französische Zwiebelsuppe

Eine Suppe für jede Tageszeit, besonders im Winter und spätnachts mit lieben Gästen

einfach, Blitzrezept

4 Portionen

200 g Zwiebeln
1 EL Butterschmalz
Salz
Pfeffer
1 Messerspitze gemahlener Kümmel
1 TL provenzalische Kräutermischung
20 g Mehl
¾ l Fleischbrühe
¼ l Weißwein
4 Scheiben Weißbrot
100 g geriebener Gruyère, Emmentaler oder junger Gouda

Die Zwiebeln abziehen, halbieren und in dünne Scheiben schneiden.

Das Schmalz in einem weiten Topf zerlassen und die Zwiebeln darin goldgelb braten. Alle Gewürze einrühren und das Mehl darüberstäuben. Kurz anschwitzen lassen und unter Rühren die Brühe angießen. Wein zugeben und die Suppe auf schwacher Hitze 15 Minuten köcheln lassen, abschmecken.

Weißbrotscheiben toasten oder kurz im Backofen trocknen. Je eine Brotscheibe in feuerfeste Suppentassen legen und den Reibkäse dick darauf häufen.

Die fertige Zwiebelsuppe

über die Käsecroûtons gießen. Zwiebelsuppe kurz unter den vorgeheizten Grill stellen, bis der Käse zerläuft.

Nährwerte pro Portion	
Kilokalorien	*360*
Kilojoule	*1510*
Eiweiß/g	*14*
Kohlenhydrate/g	*34*
Fett/g	*17*
Ballaststoffe/g	*2,8*

Franzosensuppe

braucht Zeit

4 Portionen

500 g Suppenknochen
1 große Zwiebel
3 Nelken
1 Lorbeerblatt
Salz
500 g Suppenfleisch vom Rind
250 g Möhren
¼ Sellerieknolle
3 weiße Rüben
1 EL Schweineschmalz
250 g Kartoffeln
1 Stange Lauch
100 g TK-Erbsen
weißer Pfeffer
1 EL Butter
1 Bund glatte Petersilie

Die Suppenknochen mit Zwiebel, Nelken und Lorbeerblatt in 1½ l Salzwasser 30 Minuten kochen. Fleisch zugeben und bei kleiner Flamme weitere 1½ Stunden garen.

Möhren, Sellerieknolle und Rüben waschen, schälen und in feine Streifen schneiden.

In einem großen Topf Schweineschmalz erhitzen und das Gemüse darin 10 Minuten garen, dabei ständig rühren, damit es keine Farbe annimmt.

Knochen, Fleisch und Zwiebel aus der Suppe nehmen und die Brühe durch ein Sieb zum Gemüse gießen. Aufkochen.

Kartoffeln waschen, schälen, vierteln und in feine Scheiben schneiden. In die Suppe geben und weitere 20 Minuten bei kleiner Hitze kochen lassen.

Lauch putzen und in dünne Ringe schneiden, Fleisch würfeln. Erbsen, Lauch und Fleisch in der Suppe noch 10 Minuten mitkochen.

Petersilie hacken. Kurz vor dem Servieren die Suppe mit Salz und Pfeffer abschmecken, Butter und Petersilie dazugeben.

Nährwerte pro Portion	
Kilokalorien	*460*
Kilojoule	*1920*
Eiweiß/g	*33*
Kohlenhydrate/g	*22*
Fett/g	*23*
Ballaststoffe/g	*7,7*

Armenische Zwiebelsuppe

Ideal zur Verwertung von Reisresten

einfach, braucht Zeit

4 Portionen

4 Zwiebeln à 150 g
½ l Weißwein
1 Knoblauchzehe
200 g gemischtes Hackfleisch
50 g gekochter Reis oder 20 g ungekochter
1 Ei
1 TL Majoran
Salz
frisch gemahlener Pfeffer
½ l Fleischbrühe
200 g saure Sahne
1 Bund Schnittlauch

Die Zwiebeln abziehen. Nebeneinander in einen Topf setzen und den Weißwein angießen. Zugedeckt bei mittlerer Hitze 15 Minuten halbgar dünsten.

Mit einem Schaumlöffel die Zwiebeln aus der Garflüssigkeit heben und etwas abkühlen lassen.

Die Zwiebeln mit einem Löffel vorsichtig bis auf die zwei äußeren Schichten aushöhlen. Das Zwiebelinnere grob würfeln.

Die Knoblauchzehe abziehen und fein hacken. Das Hackfleisch mit dem gekochten Reis (ungekochten mit etwas Wasser in 20 Minuten garen), dem Ei, dem Knoblauch, dem Majoran, Salz und Pfeffer gut vermischen. Die ausgehöhlten Zwiebeln mit der Hackfleischmasse füllen. Von der restlichen Masse kleine Klößchen formen.

Die Fleischbrühe in den Topf zur Zwiebelbrühe geben und zum Kochen bringen. Vorsichtig die gefüllten Zwiebeln mit dem Schaumlöffel hineinsetzen, die Klößchen und das gehackte Zwiebelfleisch beifügen. Kräftig mit frisch gemahlenem Pfeffer und etwas Salz würzen.

Bei kleiner Hitze zugedeckt 30 Minuten köcheln.

Die saure Sahne unter die Suppe rühren und noch einmal aufkochen.

Den Schnittlauch fein hacken und vor dem Servieren über die Suppe streuen.

Brot dazu reichen.

Nährwerte pro Portion	
Kilokalorien	*320*
Kilojoule	*1330*
Eiweiß/g	*16*
Kohlenhydrate/g	*16*
Fett/g	*19*
Ballaststoffe/g	*4,5*

Cipollata

Ein bäuerliches Gericht aus Mittelitalien. Mit Brühe zubereitet, wird daraus eine dicke Suppe, nur mit Ei und Parmesan gebunden, ähnelt die Mischung Rühreiern

einfach

4 Portionen

6 EL Olivenöl
100 g magerer geräucherter Schweinebauch
800 g Zwiebeln
2 Stengel Basilikum
500 g passierte Tomaten oder eine kleine Dose geschälte Tomaten mit ihrem Saft
Salz
frisch gemahlener schwarzer Pfeffer
1 Messerspitze Chilipulver
8 Scheiben Stangenweißbrot
1 Knoblauchzehe
1 l milde Geflügelbrühe
75 g geriebener Parmesan

Die Hälfte des Olivenöls in einem weiten Topf erhitzen und den gewürfelten Schweinebauch darin anbraten. Die Zwiebeln abziehen und in Scheiben zugeben und anschwitzen.

Basilikum zugeben und die passierten Tomaten einrühren. Mit Salz, Pfeffer und Chilipulver würzen. Den Topf zudecken und bei kleinster Hitze ca. 1 Stunde köcheln lassen. Ab und zu umrühren, damit nichts anlegt. Die Zwiebeln sollen weitgehend zerfallen.

Inzwischen die Weißbrotscheiben mit der halbierten Knoblauchzehe abreiben und im restlichen Öl in einer Pfanne goldgelb braten.

Nach der Garzeit die Cipollata mit der Brühe aufgießen, mit frisch geriebenem Parmesan binden und abschmecken.

Traditionell legt man je 2 Brotscheiben in den Suppenteller und füllt die Cipollata darüber. Sie können die Croûtons aber auch getrennt dazu reichen.

Um die Cipollata mit Ei zu binden, vermischt man den Parmesan mit 3 geschlagenen Eiern, nimmt die kochendheiße Tomaten-Zwiebel-Mischung nach der Garzeit vom Herd und rührt die Eier ein. Stocken lassen.

Nährwerte pro Portion	
Kilokalorien	*480*
Kilojoule	*2000*
Eiweiß/g	*16*
Kohlenhydrate/g	*26*
Fett/g	*35*
Ballaststoffe/g	*8*

Minestrone mit Reis

braucht Zeit

4 Portionen

1 große Zwiebel
2 Knoblauchzehen
150 g Weißkohl
2 Zucchini
1 Kartoffel
2 Möhren
1 Petersilienwurzel
3 Stangen Staudensellerie
2 kleine Lauchstangen
2 Tomaten
100 g TK-Erbsen
100 g Kidneybohnen aus der Dose
75 g geräucherter Schweinebauch
2 EL Öl
1½ l leichte Gemüse- oder Fleischbrühe
1 Kräutersträußchen (aus 1 Lorbeerblatt, Petersilie, Basilikum, Thymian, Rosmarin gebunden)
125 g Langkornreis
Salz
frisch gemahlener schwarzer Pfeffer
gehackte Petersilie zum Bestreuen

Zwiebel und Knoblauch schälen und klein würfeln. Alle Gemüsesorten waschen, putzen und, wie auf dem Foto zu sehen, zerteilen. Kidneybohnen abtropfen lassen.

Den Schweinebauch würfeln, mit dem Öl in einen Topf geben. Ausbraten, dann die Zwiebel- und die Knoblauchwürfel darin glasig werden lassen. Alle festen Gemüsesorten einrühren und 5 Minuten anschwitzen, dann das übrige Gemüse einrühren und kurz mitgaren.

Brühe angießen und aufkochen, das Kräutersträußchen hineingeben, den Reis einstreuen. Halb zugedeckt etwa 20 Minuten köcheln lassen.

Kräutersträußchen entfernen, die Suppe mit Salz und

Pfeffer abschmecken und mit gehackter Petersilie bestreuen.

Nährwerte pro Portion	
Kilokalorien	*430*
Kilojoule	*1800*
Eiweiß/g	*14*
Kohlenhydrate/g	*50*
Fett/g	*19*
Ballaststoffe/g	*10*

Borschtsch

4 Portionen

500 g Beinscheibe vom Rind
500 g Rinderknochen
Pfefferkörner
1 Lorbeerblatt
Salz
400 g rote Beten
50 g Butter
40 g Zucker
50 g Tomatenmark
Saft von 1 Zitrone
1 kleine Zwiebel, gehackt
50 g Petersilienwurzel, in dünne Stifte geschnitten
300 g Weißkohl
Pfeffer
1 EL saure Sahne

Fleisch und Knochen waschen und mit 2½ l Wasser, den Gewürzen und 1 Teelöffel Salz aufsetzen und bei mittlerer Hitze köcheln lassen.

Das Fleisch herausnehmen und warm stellen. Knochen auslösen und die Brühe in einen anderen Topf seihen.

Rote Beten gründlich waschen, abziehen und in dünne Streifen schneiden. In einem mittleren Topf die Hälfte der Butter erhitzen, rote Beten hineingeben, 20 g Zucker und Tomatenmark zufügen und mit Zitronensaft beträufeln, damit sie die rote Farbe behalten. Einige Minuten anbräunen, dann zugedeckt bei mäßiger Hitze im eigenen Saft gar dünsten.

Im restlichen Fett die Zwiebel anschwitzen, Petersilienwurzel hineingeben und einige Minuten andünsten.

Inzwischen den Weißkohl waschen, vierteln, und den Strunk herausschneiden. Kohl in kleine Stücke teilen und zugeben, mit 1½ l Fleischbrühe auffüllen, salzen und pfeffern und zugedeckt bei mittlerer Hitze weich kochen. Die gedünsteten roten Beten mit dem Saft zufügen. Mit saurer Sahne binden. Süßsauer mit Zitronensaft und Zucker abschmecken. Nochmals salzen und pfeffern.

Fleisch in mundgerechte Stücke schneiden und in die Suppe geben. Petersilie waschen, fein hacken und über die Suppe streuen. Heiß servieren.

Variante:
Den Weißkohl ganz oder zum Teil durch Sauerkraut ersetzen.

Nährwerte pro Portion	
Kilokalorien	*340*
Kilojoule	*1420*
Eiweiß/g	*22*
Kohlenhydrate/g	*21*
Fett/g	*17*
Ballaststoffe/g	*5*

Pürierte Gemüsesuppe

Nach Belieben können Sie immer andere Gemüsesuppen zubereiten. Sie können mehrere verschiedene Gemüsesorten mischen, aber auch nur eine oder zwei Sorten verwenden. Das Pürieren geht mit dem Pürierstab direkt im Topf am schnellsten. Dabei bleiben kleine Gemüseteilchen spürbar, die Suppe behält »Biß«. Ganz glatt wird sie nur, wenn man sie nach dem Pürieren durch ein feines Sieb passiert

einfach, zum Einfrieren

4 Portionen

1 Zwiebel
600–700 g gemischtes Gemüse (z. B. Möhre, Zucchini, Lauch, Sellerie)
1 EL Butter oder Margarine
1–1½ l milde Gemüsebrühe
Salz
frisch gemahlener schwarzer Pfeffer
frische Kräuter nach Belieben

Die Zwiebel schälen und klein würfeln. Das Gemüse putzen, waschen und ebenfalls klein würfeln.

Fett in einem breiten Topf aufschäumen, die Zwiebel darin glasig werden lassen. Das Gemüse einrühren und anschwitzen. Mit 1 l Brühe ablöschen, aufkochen und zugedeckt etwa 10 Minuten kochen lassen.

Mit dem Pürierstab oder im Mixer pürieren. Wieder aufkochen, eventuell mit Brühe bis zur gewünschten Konsistenz auffüllen. Mit Salz und Pfeffer würzen, mit Kräutern garnieren.

Nährwerte pro Portion	
Kilokalorien	*90*
Kilojoule	*380*
Eiweiß/g	*4*
Kohlenhydrate/g	*10*
Fett/g	*4*
Ballaststoffe/g	*6*

Möhrencreme mit Garnelen

einfach

4 Portionen

½ Bund Frühlingszwiebeln
500 g Möhren
2 EL Butter
¾ l Brühe
200 g Schlagsahne
Salz
Pfeffer
1 Prise Cayennepfeffer
1 Prise Zucker
1 Schuß Pernod
200 g gekochte Garnelen
1 Bund Dill

Die Frühlingszwiebeln putzen, dabei die Wurzeln und den größten Teil des Grüns wegschneiden. Zwiebeln in feine Ringe schneiden.

Möhren putzen, gründlich abschaben, halbieren und in dünne Scheiben schneiden.

Die Butter in einer Kasserolle schmelzen und das Gemüse darin andünsten. Mit der Brühe aufgießen und bei schwacher Hitze zugedeckt 20 Minuten köcheln. Anschließend mit dem Pürierstab oder im Mixer pürieren.

Die Hälfte der Sahne unterrühren und die Suppe noch einmal kurz aufkochen. Mit Salz, frisch gemahlenem Pfeffer, einer Prise Cayennepfeffer, einer Prise Zucker und einem Schuß Pernod abschmecken. Garnelen zugeben und in der Suppe erwärmen. Nicht mehr kochen lassen, damit die Garnelen nicht zäh werden.

Dill waschen, von den Stengeln zupfen und hacken. Die restliche Sahne steif schlagen.

Suppe in vorgewärmte Teller oder Tassen verteilen und mit der geschlagenen Sahne und dem Dill garnieren.

Nährwerte pro Portion	
Kilokalorien	*310*
Kilojoule	*1320*
Eiweiß/g	*12*
Kohlenhydrate/g	*11*
Fett/g	*23*
Ballaststoffe/g	*4*

Crème Vichyssoise

einfach, braucht Zeit

4 Portionen

- 250 g Lauch
- 250 g mehlige Kartoffeln
- 50 g Butter
- 1½ l Fleisch- oder Geflügelbrühe
- Salz
- Pfeffer
- 1 Kräutersträußchen
- 200 g Crème fraîche
- ½ Bund Schnittlauch
- 100 g Schlagsahne

Das Weiße vom Lauch putzen, waschen und kleinschneiden.

Die Kartoffeln schälen, waschen und in Würfel schneiden.

In einem Topf die Butter zerlassen, den Lauch darin kurz andünsten, ohne daß er Farbe bekommt. Die Kartoffeln dazugeben und die Brühe angießen. Mit Salz und Pfeffer würzen, ein Kräutersträußchen zufügen.

Die Suppe bei mittlerer Hitze zugedeckt 30–40 Minuten köcheln lassen.

Anschließend das Kräutersträußchen entfernen. Die Suppe mit dem Stab pürieren und dann durch ein Sieb passieren. Crème fraîche unterrühren und nochmals mit Salz und Pfeffer abschmecken. Suppe auskühlen und für mindestens 1 Stunde im Kühlschrank durchziehen lassen.

½ Bund Schnittlauch waschen, trockentupfen und in feine Röllchen schneiden.

Schlagsahne halbsteif schlagen.

Die kalte Suppe auf vier Teller verteilen und mit einem Klacks Schlagsahne und Schnittlauch anrichten.

Nährwerte pro Portion	
Kilokalorien	*450*
Kilojoule	*1900*
Eiweiß/g	*6*
Kohlenhydrate/g	*15*
Fett/g	*41*
Ballaststoffe/g	*3,6*

Kartoffelsuppe mit Käse und Knoblauchcroûtons

einfach

4 Portionen

500 g mehlige Kartoffeln
1 Stange Lauch
2 Möhren
1 Petersilienwurzel
½ kleine Sellerieknolle
1 Zwiebel
6 Knoblauchzehen
¾ l Fleischbrühe
¼ l Milch
200 g Schlagsahne
150 g geriebener Emmentaler
Salz
weißer Pfeffer
1 Messerspitze gerebelter
Majoran
1 Prise Liebstöckel
2 Eigelb
1 Bund glatte Petersilie
4 Scheiben Roggentoast
75 g Butter

Die Kartoffeln waschen, schälen und grob würfeln. Lauch, Möhren, Petersilienwurzel und Sellerie putzen und waschen. Lauch in feine Ringe, das restliche Gemüse in Würfel schneiden. Zwiebel und 2 Knoblauchzehen abziehen und hacken.

Fleischbrühe zum Kochen bringen. Kartoffeln, das Gemüse, Zwiebel und Knoblauch zufügen und im geschlossenen Topf ca. 20 Minuten garen.

Die Suppe beiseite stellen und etwas abkühlen lassen. Anschließend mit dem Pürierstab oder im Mixer pürieren.

Milch und die Hälfte der Sahne in einem kleinen Topf erwärmen. Den geriebenen Käse einstreuen und unter Rühren schmelzen lassen, dabei nicht kochen. Die Käsesauce in die Suppe einrühren, mit Salz, Pfeffer, Majoran und Liebstöckel abschmecken.

Das Eigelb mit der restlichen Sahne verquirlen und unter die Suppe rühren. Kartoffelsuppe bis kurz vor den Siedepunkt erhitzen. Sie darf nicht mehr kochen!

Petersilie waschen, mit Küchenpapier trockentupfen, fein hacken und über die Suppe streuen.

Die Toastscheiben in Würfel schneiden. Restliche Knoblauchzehen abziehen und durchpressen.

Butter in einer Pfanne schmelzen. Brotwürfel zusammen mit dem Knoblauch darin goldbraun anrösten. Die Croûtons auf die Suppe geben und sofort servieren.

Nährwerte pro Portion	
Kilokalorien	*720*
Kilojoule	*3010*
Eiweiß/g	*22*
Kohlenhydrate/g	*42*
Fett/g	*48*
Ballaststoffe/g	*8,4*

Herzhafte Kartoffelsuppe

einfach

4 Portionen

- 100 g geräucherter Schweinebauch
- 3 Zwiebeln
- 1 Stange Lauch
- ¼ Sellerieknolle
- 1 Möhre
- 500 g Kartoffeln
- 1 EL Butterschmalz
- ½ l Fleischbrühe
- 1 Lorbeerblatt
- 2 Wacholderbeeren
- 1 Messerspitze getrockneter Liebstöckel
- Salz
- Pfeffer
- 1 Prise Zucker
- 1 Scheibe Weißbrot
- ½ EL Butter
- 100 g Schlagsahne
- 200 g Fleischwurst

Den Schweinebauch würfeln. 2 Zwiebeln fein würfeln, 1 Zwiebel in Ringe schneiden. Lauch, Sellerie und Möhre putzen, waschen und würfeln. Kartoffeln schälen, waschen und in Scheiben schneiden.

Butterschmalz in einem Topf erhitzen, Schweinebauch darin ausbraten. Gehackte Zwiebel und Gemüse zugeben und kurz mitbraten. Kartoffelscheiben zugeben und die Fleischbrühe angießen. Kräuter und Gewürze zugeben und die Kartoffelsuppe zugedeckt 20 Minuten köcheln lassen.

Inzwischen das Weißbrot würfeln und in einer trockenen, heißen Pfanne rösten. Dann die Butter in die Pfanne geben und die Zwiebelringe goldbraun braten.

Die Suppe nach der Garzeit mit dem Schneebesen kräftig durchrühren, damit sie sämig wird, die Sahne unterziehen und die Suppe abschmecken.

Fleischwurst pellen und in Scheiben schneiden. Die Suppe in eine vorgewärmte Terrine umfüllen, die Wurstscheiben einlegen, mit Brotwürfeln und Zwiebelringen garnieren.

Nährwerte pro Portion	
Kilokalorien	*630*
Kilojoule	*2630*
Eiweiß/g	*17*
Kohlenhydrate/g	*33*
Fett/g	*44*
Ballaststoffe/g	*6*

Knoblauchsuppe

einfach

4 Portionen

- 6 Knoblauchzehen
- 2 EL Olivenöl
- 1 l Fleischbrühe
- 1 Lorbeerblatt
- 2 Eier
- Salz
- frisch gemahlener Pfeffer
- 4 Scheiben Weißbrot

Die Knoblauchzehen abziehen und sehr fein hacken.

Olivenöl in einem Topf erhitzen, Knoblauch darin goldgelb andünsten. Die Fleischbrühe angießen, Lorbeerblatt hineingeben und die Suppe zum Kochen bringen. Bei schwacher Hitze zugedeckt 15 Minuten köcheln.

Die Eier trennen. Eigelb verquirlen, Eiweiß sehr steif schlagen.

Suppe vom Herd nehmen und mit dem Eigelb legieren. Mit Salz und Pfeffer kräftig würzen.

Weißbrotscheiben toasten.

Die Suppe in feuerfeste Suppenschalen verteilen, jeweils eine Scheibe Toast darauf legen und den Eischnee darüber verteilen.

Im vorgeheizten Backofen auf der oberen Schiene bei 220 °C überbacken, bis der Eischnee leicht gebräunt ist.

Nährwerte pro Portion	
Kilokalorien	*250*
Kilojoule	*1060*
Eiweiß/g	*9*
Kohlenhydrate/g	*28*
Fett/g	*10*
Ballaststoffe/g	*1,6*

Kartoffel-Lauchsuppe mit Sesam

einfach, zum Einfrieren

6 Portionen

- 2 kleine mehlig-kochende Kartoffeln
- 1 kleine Zwiebel
- 1 Knoblauchzehe
- 400 g Lauch
- 2 EL Butter oder Margarine
- 1,2 l Gemüsebrühe
- Salz
- frisch gemahlener schwarzer Pfeffer
- geriebene Muskatnuß
- 30 g ungeschälte Sesamsamen
- 150 g Weizenvollkornbrot

1 Bund glatte Petersilie
125 g Crème fraîche

Die Kartoffeln waschen und ungeschält in wenig Wasser garen. Inzwischen die Zwiebel und den Knoblauch schälen und fein hacken, den Lauch putzen, aufschlitzen, gründlich waschen und in Ringe schneiden.

1 Eßlöffel Fett in einem Topf zerlassen, Zwiebel, Knoblauch und Lauch darin andünsten. Mit der Brühe kochen lassen.

Kartoffeln abgießen, pellen, durchpressen und in die Suppe einrühren. Mit Salz, Pfeffer und Muskat abschmecken. Die Hitze stark reduzieren, die Suppe im geschlossenen Topf etwas ziehen lassen. Eventuell noch etwas Wasser angießen, falls sie durch die Kartoffeln zu stark gebunden wird.

Sesamsamen in einer trockenen Pfanne goldbraun rösten, wieder herausnehmen. Das Weizenvollkornbrot klein würfeln, im restlichen Fett in der Pfanne goldbraun braten.

Petersilie fein hacken und in die Suppe rühren. Abschmecken, auf 6 Teller verteilen. Jeweils etwas Crème fraîche, Sesam und Weizenbrot aufstreuen.

Nährwerte pro Portion	
Kilokalorien	*260*
Kilojoule	*1100*
Eiweiß/g	*7*
Kohlenhydrate/g	*23*
Fett/g	*15*
Ballaststoffe/g	*5*

Kalte Rote-Bete-Suppe

einfach

4 Portionen

500 g junge rote Beten
3 EL Weinessig
Salz
Zucker
1 Salatgurke
1 Bund Dill
2 Stangen Lauch
1 Bund Radieschen
150 g saure Sahne
Saft von 1 Zitrone
Pfeffer
250 g gekochte Garnelen
2 hartgekochte Eier

Die roten Beten schälen und grob raspeln. Mit 1½ l Wasser bedeckt zum Kochen bringen und 10 Minuten bei schwacher Hitze sanft köcheln. 2 Eßlöffel Essig, Salz und Zucker dazugeben und 30 Minuten ziehen lassen.

In ein Sieb abgießen, dabei die Kochflüssigkeit auffangen. Brühe und rote Beten kalt stellen.

Gurke schälen, halbieren, entkernen und in sehr kleine Würfel schneiden. Dill fein hacken.

Das Weiße vom Lauch und die Radieschen waschen, beides in dünne Scheiben schneiden.

Sahne mit dem Zitronensaft in die kalte Rote-Bete-Brühe rühren. Mit Salz, Pfeffer, Zucker und dem restlichen Essig abschmecken.

Die hartgekochten Eier hacken und zusammen mit dem Gemüse und den Garnelen unter die Suppe mischen. Mit Dill garnieren.

Nährwerte pro Portion	
Kilokalorien	*220*
Kilojoule	*930*
Eiweiß/g	*20*
Kohlenhydrate/g	*13*
Fett/g	*8*
Ballaststoffe/g	*6,5*

Lauchstrudel

braucht Zeit

4 Portionen

180 g Mehl
1 Ei
½ TL Öl
½ TL Zitronensaft
Salz
Füllung:
6 mittlere Stangen Lauch
150 g Reibkäse, z. B.
Emmentaler
2 Eier
Salz
frisch gemahlener schwarzer
Pfeffer
Muskatnuß
200 g gekochter Schinken in
Scheiben
20 g Butter für das Blech
1 Eigelb
Kümmel

Das Mehl mit dem Ei, Öl, Zitronensaft, 1 Prise Salz und so viel lauwarmem Wasser verkneten, daß der Teig nicht mehr klebt. Einen Teiglaib formen und 30 Minuten ruhen lassen.

Den Lauch gut waschen, dunkelgrüne Enden abschneiden. Jede Stange in 4 Stücke teilen und in ½ l Salzwasser 10 Minuten halbgar dünsten. Gut abtropfen und abkühlen lassen.

Den Reibkäse mit den Eiern, Salz und Pfeffer verschlagen. Mit einer kleinen Reibe eine Spur Muskatnuß zugeben.

Ein Küchentuch bemehlen und darauf den Strudelteig zu einer dünnen, rechteckigen Teigplatte ausrollen. Mit Schinken belegen, am Teigrand je 3 cm frei lassen. Die Lauchstücke darauf verteilen und mit der Eimasse bestreichen.

Mit Hilfe des Küchentuchs den Teig nicht zu fest zusammenrollen, die Teigränder ausziehen, etwas andrücken und die Teigenden unter die Strudelrolle stecken, damit die Füllung beim Backen nicht herausrinnt.

Die Strudelrolle auf ein mit Butter gefettetes Blech geben, oben mit Eigelb bepinseln, reichlich mit Kümmel bestreuen und in dem auf 180 °C vorgeheizten Backofen etwa 35 Minuten backen, bis der Strudel oben schön braun ist. 5 bis 10 Minuten abkühlen lassen, damit der Strudel sich besser aufschneiden läßt. Warm servieren.

Nährwerte pro Portion	
Kilokalorien	*610*
Kilojoule	*2560*
Eiweiß/g	*34*
Kohlenhydrate/g	*39*
Fett/g	*32*
Ballaststoffe/g	*6*

Gefüllte Kohlrabi

einfach

4 Portionen

4 große Kohlrabis
Salz
1 EL Butterschmalz
250 g Hackfleisch
Pfeffer
1 TL gerebelter Thymian
2 EL saure Sahne
2 Eier
1 EL Semmelbrösel
Butter für die Form
1 EL Butter
1 EL Mehl
1/8 l Milch
150 g Schlagsahne
1 Messerspitze geriebene Muskatnuß
50 g geriebener Parmesan

Blätter und Wurzelansatz von den Kohlrabis schneiden, dabei die zarten Herzblättchen aufheben.

Kohlrabis schälen und in Salzwasser je nach Größe 15–20 Minuten halb weich kochen. Mit einem Schaumlöffel herausheben, etwas abkühlen lassen.

Den Deckel abschneiden und die Kohlrabis mit einem Löffel vorsichtig aushöhlen. Das Fruchtfleisch mit den Herzblättchen kleinhacken.

Die Zwiebel abziehen und fein hacken.

In einer großen Pfanne das Butterschmalz erhitzen, das Hackfleisch darin scharf anbraten und mit einer Gabel zerdrücken. Zwiebel,

Kohlrabifleisch und Blättchen einige Minuten mitdünsten. Alles mit Salz, Pfeffer und 1/2 TL Thymian abschmecken. Vom Herd nehmen und die saure Sahne, 1 verquirltes Ei sowie die Semmelbrösel gut untermischen.

Die ausgehöhlten Kohlrabis in eine gefettete Auflaufform stellen und mit der Hackfleischfarce füllen.

Für die Sauce die Butter in einer Kasserolle schmelzen. Das Mehl einrühren und hell anschwitzen. Milch und Sahne unter ständigem Rühren mit dem Schneebesen dazugießen. Bei schwacher Hitze einige Minuten köcheln lassen, bis die Sauce andickt. Mit Salz, Pfeffer, Muskatnuß und dem restlichen Thymian abschmecken. Die Sauce vom Herd nehmen und 1 Eigelb sowie die Hälfte des Parmesans einrühren.

Die Sauce über die Kohlrabis verteilen und mit Parmesan bestreuen.

Die gefüllten Kohlrabis im vorgeheizten Backofen auf der mittleren Schiene bei 200 °C ca. 20 Minuten backen, bis der Käse schön braun ist.

Nährwerte pro Portion	
Kilokalorien	*360*
Kilojoule	*1490*
Eiweiß/g	*13*
Kohlenhydrate/g	*13*
Fett/g	*26*
Ballaststoffe/g	*2*

Gefüllte Sellerieknollen mit Tomatenrisotto

einfach, braucht Zeit

4 Portionen

Für den Risotto:

½ Bund Frühlingszwiebeln
100 g Frühstücksspeck am Stück
1 l Brühe
4 EL Butter
300 g Reis
200 g gehackte Tomaten
2 EL Tomatenmark
Salz
frisch gemahlener Pfeffer
4 junge Sellerieknollen à 250 g
1 Ei
Butter für die Form
50 g geriebener Emmentaler

Das Weiße der Frühlingszwiebeln fein hacken.
Frühstücksspeck in feine Würfel schneiden.
Die Brühe erhitzen.
2 Eßlöffel Butter in einer Kasserolle zerlassen. Zwiebeln, Frühstücksspeck und den Reis darin glasig werden lassen. Schöpfkellenweise nach und nach die heiße Brühe angießen, so daß der Reis immer feucht bleibt, und ihn bei mittlerer Hitze garen. Zum Schluß die gehackten Tomaten und das Tomatenmark unterrühren. Mit Salz und Pfeffer abschmecken und bei kleiner Hitze einige Minuten durchziehen lassen. Beiseite stellen.

Sellerieknollen putzen, unter fließendem Wasser gründlich abbürsten und schälen.
Die Knollen in Salzwasser ca. 20 Minuten köcheln. Anschließend herausheben, abtropfen und abkühlen lassen.
Deckel abschneiden und die Knollen vorsichtig mit einem Löffel aushöhlen.
Das Innere von einem Sellerie fein hacken. Mit einem Viertel des Risottos und dem Ei gut vermischen, mit Salz und Pfeffer würzen. Die Füllung in die Sellerieknollen verteilen.
Eine Auflaufform mit Butter ausstreichen, die gefüllten Sellerieknollen hineinsetzen. Den geriebenen Käse darüberstreuen. Restliche Butter als Flöckchen darauf setzen.

Im vorgeheizten Backofen bei 200 °C auf der mittleren Schiene ca. 30 Minuten überbacken.
Den restlichen Tomatenrisotto noch einmal erwärmen und als Beilage servieren.

Nährwerte pro Portion	
Kilokalorien	*700*
Kilojoule	*2910*
Eiweiß/g	*18*
Kohlenhydrate/g	*68*
Fett/g	*35*
Ballaststoffe/g	*9,9*

Kartoffelauflauf mit Pilzen

einfach

4 Portionen

800 g festkochende Kartoffeln
Salz
400 g Pilze
4 Eier
1 große Zwiebel
1 EL Öl
20 g Butter
frisch gemahlener schwarzer Pfeffer
250 g saure Sahne
1 Eigelb
1 Bund Petersilie

Kartoffeln waschen und in Salzwasser als Pellkartoffeln kochen, noch warm pellen, abkühlen lassen und in Scheiben schneiden.

Pilze waschen, putzen und in Scheiben aufschneiden.

Eier hart kochen und pellen, die Zwiebel abziehen und wie die Eier in feine Scheiben schneiden.

In einem kleinen Topf das Öl erhitzen und die Pilze darin 5 Minuten dünsten.

Anschließend eine feuerfeste Form mit Butter fetten, zuunterst eine Schicht Kartoffelscheiben legen, darauf eine Schicht Eischeiben, dann etwas von den Pilzen darübergeben, dazu ein paar Zwiebelringe, etwas salzen und pfeffern, dann wieder eine Schicht Kartoffeln und so fortfahren, bis alle Zutaten verbraucht sind. Zuoberst kommt eine Kartoffelschicht.

Die saure Sahne mit dem Eigelb, Pfeffer und 1 Prise Salz verrühren.

Petersilie waschen, kleinschneiden, zur Eiersahne geben und dann über die geschichteten Kartoffeln gießen.

Im vorgeheizten Ofen bei 225 °C 30 Minuten schön braun backen.

In der Form servieren und frischen Salat oder Mixed Pickles dazu reichen.

Nährwerte pro Portion	
Kilokalorien	*380*
Kilojoule	*1600*
Eiweiß/g	*17*
Kohlenhydrate/g	*33*
Fett/g	*21*
Ballaststoffe/g	*8*

Wendische Dobsche

einfach, braucht Zeit

4 Portionen

500 g Zwiebeln
1 EL Butter
750 g Schweinenacken
Salz
Pfeffer
500 g mehlige Kartoffeln
1 Bund glatte Petersilie
¼ l Brühe
250 g Quark, 40 %
150 ml Milch
1 TL Kümmel
1 TL Kartoffelmehl

Die Zwiebeln abziehen und grob hacken.

Eine feuerfeste Form ausbuttern und die Zwiebeln hineingeben.

Fleisch klein würfeln, auf die Zwiebeln legen, salzen und pfeffern.

Kartoffeln waschen, schälen, in feine Scheiben schneiden und auf das Fleisch schichten.

Gewaschene Petersilie fein hacken, über das Fleisch streuen. Die Brühe angießen. Die Auflaufform mit Alufolie abdecken und in dem auf 200 °C vorgeheizten Backofen 1 Stunde auf der mittleren Schiene garen.

Quark mit Milch, Kümmel und Kartoffelmehl verrühren.

Alufolie von der Auflaufform nehmen, die Quarkmasse auf die Kartoffeln streichen und weitere 10 Minuten überbacken.

Nährwerte pro Portion	
Kilokalorien	*670*
Kilojoule	*2820*
Eiweiß/g	*49*
Kohlenhydrate/g	*34*
Fett/g	*33*
Ballaststoffe/g	*6,6*

Kartoffeln mit gefüllten Pilzköpfen

einfach

4 Portionen

- Fett für die Form
- 500 g Waldpilze
- 1 Bund Petersilie
- 1 Knoblauchzehe
- 500 g Kartoffeln
- Salz
- Pfeffer
- 2 feste Tomaten
- 3 EL Öl

Eine feuerfeste Form fetten.

Die Pilze waschen und putzen.

Petersilie waschen und von den Stielen zupfen.

Den Knoblauch abziehen und zusammen mit den Pilzstielen und der Petersilie hacken. Einen Petersilienstengel zum Garnieren aufheben.

Die Kartoffeln waschen, schälen, in Scheiben schneiden und die Form damit auslegen. Salzen und pfeffern.

Die Pilzköpfe mit der Lamellenseite nach oben darauf setzen und mit der Pilz-Knoblauch-Petersilien-Mischung füllen.

Mit je einer Tomatenscheibe bedecken, salzen, pfeffern und mit Öl beträufeln.

Im vorgeheizten Backofen bei 180 °C ca. 35 Minuten backen.

Mit Petersilienblättchen garnieren und sofort heiß auftragen.

Nährwerte pro Portion	
Kilokalorien	*240*
Kilojoule	*1010*
Eiweiß/g	*5*
Kohlenhydrate/g	*24*
Fett/g	*12*
Ballaststoffe/g	*5*

Kartoffelpizza

einfach

4 Portionen

1 Dose Sardellenfilets
1 Packung Kartoffelknödelpulver, halb und halb, für 12 Knödel
100 g geriebener Emmentaler
1 TL Thymian
2 Eier
1 große Dose geschälte Tomaten
12–15 schwarze Oliven
150 g Schafskäse
1 Zwiebel
Fett für die Form
grob gemahlener schwarzer Pfeffer
½ TL Oregano
¼ TL Rosmarin

Die Sardellenfilets wässern. Das Kartoffelpulver in ¾ l Wasser einrühren, Reibkäse, Thymian und die verquirlten Eier gut untermischen. Nach Vorschrift auf der Packung quellen lassen.

Die geschälten Tomaten abtropfen lassen und in dicke Scheiben schneiden. Die Oliven eventuell entkernen. Den Schafskäse würfeln. Die Zwiebel abziehen und in sehr feine Ringe schneiden.

Eine flache Kuchenform fetten und den Kartoffelteig hineindrücken, den Rand hochziehen. Die Tomatenscheiben, Oliven, Käsewürfel und Zwiebelringe darauf verteilen. Die Sardellenfilets trockentupfen, etwas zerkleinern und auflegen. Die Pizza mit schwarzem Pfeffer, Oregano und Rosmarin bestreuen.

Die Kartoffelpizza im vorgeheizten Backofen bei 220 °C etwa 30 Minuten backen.

Sehr heiß servieren und nach Belieben grünen Salat dazu reichen.

Nährwerte pro Portion	
Kilokalorien	*340*
Kilojoule	*2660*
Eiweiß/g	*24*
Kohlenhydrate/g	*67*
Fett/g	*26*
Ballaststoffe/g	*4,7*

Venezolanische Kartoffeltorte

Kartoffeln und 3 Eier schon am Vortag kochen

6 Portionen

500 g mehlige Kartoffeln
Salz
6 Eier
500 g mageres Rindfleisch
1 große Zwiebel
3 EL Olivenöl
3 Knoblauchzehen
12 kleine getrocknete Chilischoten
Cayennepfeffer
150 g gefüllte grüne Oliven
100 g Kapern
100 g Rosinen
2 EL Milch
1 TL Backpulver
2 EL Mehl
1 EL Zucker
4 EL Butter

Am Vortag die Kartoffeln waschen, schälen, in Stücke schneiden und in Salzwasser kochen. Abgießen, ausdampfen lassen und noch warm durch eine Kartoffelpresse drücken. Im Kühlschrank bis zum nächsten Tag aufbewahren.

3 Eier hart kochen.

Das Fleisch sehr klein schneiden. Die Zwiebel abziehen und fein würfeln.

In einer Pfanne das Olivenöl erhitzen, das Fleisch und die Zwiebel darin scharf anbraten. Mit den zerdrückten Knoblauchzehen und den Chilischoten, Cayennepfeffer und wenig Salz würzen.

Oliven, Kapern und die 3 harten Eier fein hacken und mit den Rosinen unter das Fleisch mischen.

In einer Schüssel die am Vortag durchgepreßten Kartoffeln mit 3 Eigelb, Milch, Backpulver, Mehl, Zucker und 3 Eßlöffeln weicher Butter verrühren.

3 Eiweiß sehr steif schlagen und unter den Kartoffelteig heben.

Eine Springform von 22 cm Durchmesser ausbuttern. Die Hälfte des Kartoffelteigs hineingeben, die Fleischmasse darauf verteilen. Mit dem restlichen Kartoffelteig bestreichen.

Im vorgeheizten Backofen bei 220 °C auf der mittleren Schiene 35–40 Minuten backen, bis die Kartoffeltorte braun ist.

Die Torte frisch aus dem Ofen mit gemischtem Salat servieren.

Nährwerte pro Portion	
Kilokalorien	*630*
Kilojoule	*2630*
Eiweiß/g	*30*
Kohlenhydrate/g	*51*
Fett/g	*30*
Ballaststoffe/g	*7,3*

Herzhafter Kartoffelpudding

einfach, braucht Zeit
4 Portionen

1 Metallform von 1,5 l Inhalt mit Kamin und Deckel
Für die Form:
1 EL Butter
2 EL Semmelbrösel
Pudding:
800 g mehligkochende Kartoffeln
Salz
1 große Zwiebel
2 Knoblauchzehen
2 EL Butter
1 Bund glatte Petersilie
250 g würziger Schnittkäse, z. B. mittelalter Gouda
2 Eier
1 TL getrockneter Majoran
Pfeffer
frisch geriebene Muskatnuß
1 TL scharfes Paprikapulver
2–3 EL Crème fraîche

Die Form sorgfältig mit der Butter ausstreichen und mit Semmelbröseln ausstreuen.

Kartoffeln als Salzkartoffeln kochen, abdämpfen und noch warm durch die Kartoffelpresse drücken.

Zwiebel und Knoblauchzehen abziehen, fein hacken und in der Butter goldgelb dünsten. Petersilie waschen und hacken, Käse fein würfeln, Eier trennen.

Das Wasserbad in einem hohen Kochtopf mit Deckel vorbereiten.

In einer Schüssel den Kartoffelschnee mit Zwiebeln, Kräutern, Käse und Eigelb vermischen und würzig abschmecken. Vorsicht beim Salzen, da der Käse auch Salzgeschmack abgibt! Die Masse mit 2–3 Eßlöffeln Crème fraîche geschmeidig rühren. Zuletzt das Eiweiß sehr steif schlagen und unterheben.

Die Puddingmasse zu gut Dreiviertel der Höhe in die vorbereitete Form füllen und die Form leicht auf dem Tisch aufstoßen, damit keine Luftlöcher bleiben. Puddingform verschließen und in das heiße, aber nicht sprudelnd kochende Wasser stellen. Topfdeckel schließen und den Pudding auf dem Herd 1½ Stunden garen.

Nach Ende der Garzeit die geschlossene Form kurz

unter kaltes Wasser halten, öffnen und den Pudding auf einen Teller stürzen.

Gut dazu: kalte Joghurt-Schnittlauchsauce und Salat. Kartoffelpudding paßt auch als Beilage zu gekochtem Fleisch, zu Gulasch und anderen Ragouts.

Variation:
150 g feingewürfelten geräucherten Schweinebauch unter die Kartoffelmasse mischen.

Den Pudding statt in einem Topf auf dem Herd in einem Wasserbad im Backofen garen: gut 1 Stunde bei 200 °C.

Nährwerte pro Portion	
Kilokalorien	*590*
Kilojoule	*2470*
Eiweiß/g	*24*
Kohlenhydrate/g	*41*
Fett/g	*33*
Ballaststoffe/g	*5*

Gemüsekuchen

einfach, zum Einfrieren

4 Portionen

1 große Gemüsezwiebel
1 Stange Lauch
1 kleine Fenchelknolle
100 g Möhren
100 g grüne Bohnen
Salz
4 Eier
150 g Schlagsahne
100 g geriebener Emmentaler
1 Bund glatte Petersilie
1 Bund Schnittlauch
50 g frischer Kerbel
Pfeffer
1 Messerspitze geriebene Muskatnuß
Butter für die Form
5 Stengel frischer Thymian

Die Zwiebel abziehen und hacken. Lauch putzen, gründlich waschen und in Ringe schneiden. Fenchelknolle von Stengeln und Wurzelansatz befreien und grob würfeln. Möhren putzen, schälen und in Scheiben schneiden. Bohnen putzen, waschen und in kleine Stücke brechen.

Alles Gemüse in wenig kochendes Salzwasser geben und 10 Minuten dünsten. In einen Durchschlag abgießen und gut abtropfen lassen.

Eier mit der Sahne verquirlen und den Käse unterrühren.

Petersilie, Schnittlauch und Kerbel waschen, mit Küchenpapier trockentupfen und fein hacken. Unter die Ei-Käse-Creme mischen und mit Salz, Pfeffer und Muskatnuß würzen.

Eine feuerfeste Form ausbuttern, das Gemüse hineingeben und mit der Käsecreme überziehen.

Thymianblättchen von den Stengeln zupfen, zwischen den Handflächen zerreiben und über den Gemüsekuchen streuen.

Den Kuchen in dem auf 200 °C vorgeheizten Backofen auf der mittleren Schiene ca. 25 Minuten backen.

Statt der oben angegebenen Sorten können auch andere Gemüse wie Kohlrabi, Blumenkohl, Brokkoli oder Blattspinat verwendet werden.

Tip:
Die doppelte Menge Gemüsekuchen zubereiten und einen Teil davon einfrieren.

Nährwerte pro Portion	
Kilokalorien	*390*
Kilojoule	*1610*
Eiweiß/g	*19*
Kohlenhydrate/g	*13*
Fett/g	*26*
Ballaststoffe/g	*6,3*

Fenchel-Mozzarella-Auflauf

einfach

4 Portionen

4 große Fenchelknollen
Salz
1 Prise Zucker
250 g Mozzarella
4 Sardellenfilets
100 g schwarze Oliven
1 Dose geschälte Tomaten, 400 g
Fett für die Form
1 Bund Basilikum

Fenchelstengel und Wurzelansatz abschneiden, Knollen putzen und der Länge nach in dicke Scheiben schneiden.

In wenig Salzwasser mit einer Prise Zucker ca. 10 Minuten köcheln lassen, bis sie fast weich sind. Herausheben und auf einem Sieb gut abtropfen lassen.

Mozzarella in Scheiben schneiden, Sardellen kleinhacken. Oliven entsteinen und halbieren.

Geschälte Tomaten abgießen und in Scheiben schneiden.

Eine flache Auflaufform fetten, die Fenchelscheiben hineinlegen, die Sardellen darübergeben. Mit Tomaten- und Mozzarellascheiben bedecken. – Pfeffern, salzen.

Basilikum waschen, die Blätter von den Stengeln zupfen und kleinhacken, über den Auflauf streuen. Zum Abschluß die Oliven darauf verteilen.

Im vorgeheizten Backofen auf der oberen Schiene bei 225 °C überbacken, bis der Käse braun wird.

Dazu passen Stangenweißbrot und grüner Salat.

Nährwerte pro Portion	
Kilokalorien	*300*
Kilojoule	*1240*
Eiweiß/g	*19*
Kohlenhydrate/g	*10*
Fett/g	*18*
Ballaststoffe/g	*6,8*

Süübäggli und suure Gummeli-Schinken mit saurem Kartoffelgemüse

Schinken einige Tage vorher beim Metzger bestellen

einfach

8 Portionen

1 gekochter, gepökelter Schinken von 2 kg
8 Lorbeerblätter
8 Nelken
¼ l Weißwein
1,5 kg Kartoffeln
6 EL Butter
6 EL Mehl
1½ l Brühe
1 Messerspitze geriebene Muskatnuß
4 EL Weinessig
250 g Schlagsahne
1 Bund glatte Petersilie

Den Schinken mit einem scharfen Messer kreuzförmig einschneiden. Mit 6 Lorbeerblättern und 6 Nelken spicken. In einen Bräter legen, mit Weißwein übergießen und in dem auf 200 °C vorgeheizten Backofen auf der mittleren Schiene 40 Minuten backen.

In der Zwischenzeit die Kartoffeln waschen, schälen und in ½ cm dicke Scheiben schneiden.

Die Butter in einem Topf zerlassen, Mehl einrühren und anschwitzen, bis es hellbraun ist. Unter ständigem Rühren die Brühe zugießen und glattrühren.

Die restlichen beiden Nelken und Lorbeerblätter sowie die Kartoffelscheiben dazugeben. Bei schwacher Hitze ca. 30 Minuten gar kochen. Zum Schluß Essig und Schlagsahne unterrühren, Nelken und Lorbeerblatt herausnehmen.

Petersilie putzen und fein hacken. Vor dem Anrichten über das saure Kartoffelgemüse streuen.

Schinken aufschneiden und mit dem Kartoffelgemüse servieren.

Nährwerte pro Portion	
Kilokalorien	*920*
Kilojoule	*3840*
Eiweiß/g	*59*
Kohlenhydrate/g	*39*
Fett/g	*52*
Ballaststoffe/g	*4,6*

Kartoffel-Mozzarella-Auflauf

4 Portionen

1 kg festkochende Kartoffeln
Salz
1 Endiviensalat
250 g Mozzarella
Butter für die Auflaufform
150 g Parmaschinken
Pfeffer
1 EL frische Thymianblätter
1 TL Rosmarinnadeln
250 g Schlagsahne
4 Eier
100 g geriebener Käse

Die Kartoffeln waschen und in Salzwasser gar kochen. Abgießen, schälen und etwas abkühlen lassen.

Endiviensalat putzen, waschen und die inneren Blättchen in breite Streifen schneiden. Die äußeren Blätter für einen Salat beiseite stellen.

Kartoffeln und Mozzarella in Scheiben schneiden.

Eine Auflaufform mit Butter ausfetten. Abwechselnd in dünnen Reihen hintereinander jeweils eine Lage Kartoffelscheiben, Mozzarella, Parmaschinken und Salatstreifen schichten. Dann wieder Kartoffeln, Mozzarella usw. Salz, Pfeffer, Thymian und gehackte Rosmarinnadeln darüberstreuen.

Sahne und Eier verquirlen und über den Auflauf gießen. Mit dem Käse bestreuen.

Im vorgeheizten Backofen bei 200 °C auf der mittleren Schiene ca. 35 Minuten backen, bis der Käse braun wird.

Nährwerte pro Portion	
Kilokalorien	*995*
Kilojoule	*4160*
Eiweiß/g	*36*
Kohlenhydrate/g	*48*
Fett/g	*65*
Ballaststoffe/g	*7*

Fischauflauf unter Sahnepüree

Auch mit Fertigpüree möglich

einfach

4 Portionen

Fett für die Form
1 große Zwiebel
400 g Champignons
1 Bund glatte Petersilie
4 EL Olivenöl
Salz
1 kg Fischfilets
1 Zitrone
4 EL Weißwein
frisch gemahlener weißer Pfeffer
Püree:
750 g mehligkochende Kartoffeln
Salz
30 g Butter
250 g Schlagsahne
frisch geriebene Muskatnuß
2 EL geriebener Parmesan
30 g Butter

Eine flache Auflaufform ausfetten und beiseite stellen.

Die Zwiebel abziehen und würfeln, die Champignons putzen und in Stücke schneiden. Petersilie waschen und hacken. Zwiebel, Pilze und Petersilie in Olivenöl goldgelb dünsten, leicht salzen. Diese Mischung auf den Boden der Auflaufform verteilen.

Die Fischfilets vorbereiten: säubern, mit Zitrone säuern, salzen, abtropfen lassen und auf das Gemüsebett in die Form legen. Mit Weißwein beträufeln und mit frisch gemahlenem weißem Pfeffer bestreuen.

Geschälte Kartoffeln in großen Stücken in Salzwasser eben gar kochen, abdampfen und durch die Presse drücken. Kartoffelschnee mit Butterstückchen und kochendheißer Sahne aufschlagen. Mit geriebener Muskatnuß und eventuell noch etwas Salz abschmecken. Parmesankäse unterziehen.

Den Fisch mit dem Sahnepüree überziehen und nach Belieben garnieren, mit Butterflöckchen besetzen.

Den Auflauf im vorgeheizten Backofen bei 180 °C 30 Minuten backen.

Nährwerte pro Portion	
Kilokalorien	*910*
Kilojoule	*3830*
Eiweiß/g	*63*
Kohlenhydrate/g	*44*
Fett/g	*48*
Ballaststoffe/g	*7*

Ochrida-Fischtopf

einfach

4 Portionen

- 1 Zwiebel
- 250 g Kartoffeln
- 700 g Goldbarschfilets
- 1 Zitrone
- Salz
- 30 g Butter
- ½ TL Delikateß-Paprika
- 2 EL Tomatenmark
- 2 EL Paprikamark
- 2 Essiggurken
- 1 EL Kapern
- 3 EL saure Sahne
- Pfeffer
- 1 Tomate
- 1 Bund Schnittlauch

Die Zwiebel abziehen und kleinschneiden.

Die Kartoffeln waschen, schälen und in schmale Schnitze schneiden.

Den Fisch säubern, mit Zitrone säuern und salzen.

In einer Pfanne mit hohem Rand die Zwiebel in der Butter andünsten. Die Kartoffeln zugeben und mit Paprika bestäuben.

¼ l Wasser mit Tomaten- und Paprikamark verrühren und zugeben.

Die Essiggurken in Streifen schneiden und mit den Kapern zufügen. Das Gericht 20 Minuten köcheln lassen.

Zuletzt den Fisch einlegen. Die Sahne zugeben und den Eintopf 10 Minuten bei geschlossenem Deckel und kleinster Hitze ziehen lassen. Mit Salz und Pfeffer abschmecken.

Die Tomate waschen, halbieren und in Scheiben schneiden. Den Schnittlauch waschen, in Röllchen schneiden und beides über das Gericht verteilen.

Nährwerte pro Portion	
Kilokalorien	*390*
Kilojoule	*1660*
Eiweiß/g	*35*
Kohlenhydrate/g	*16*
Fett/g	*18*
Ballaststoffe/g	*2,9*

Junge Matjesheringe mit neuen Kartoffeln

einfach

4 Portionen

8 junge Matjesheringe
300 ml Milch
1 kg neue Kartoffeln, möglichst gleich große
½ TL Salz
1 große Zwiebel
100 g durchwachsener Speck
frisch gemahlener schwarzer Pfeffer

Die jungen Matjesheringe 30 Minuten in Milch einlegen. Gut abtropfen lassen, mit Küchenpapier abtupfen.

Die Kartoffeln waschen und sauber bürsten. In einem Topf mit Salzwasser gar kochen. Nach 20 Minuten eine Garprobe machen.

Während der Kochzeit die Zwiebel hacken. Den durchwachsenen Speck in kleine Würfel schneiden und in einer Pfanne braten, bis er Fett abgibt. Die gehackte Zwiebel beifügen. Unter Wenden glasig dünsten.

Die jungen Matjesheringe auf einer Platte anrichten, mit frisch gemahlenem Pfeffer bestreuen.

Die Speck-Zwiebelmischung und die Pellkartoffeln dazu servieren.

Variante:
Statt der Speck-Zwiebelmischung grüne Bohnen dazu reichen oder die jungen Matjesheringe mit Crème double servieren. Dazu passen die Pellkartoffeln ebensogut.

Nährwerte pro Portion	
Kilokalorien	*540*
Kilojoule	*2270*
Eiweiß/g	*43*
Kohlenhydrate/g	*43*
Fett/g	*18*
Ballaststoffe/g	*6,2*

Pichelsteiner Eintopf

Eine edle Variante des Klassikers

einfach, zum Einfrieren

2 Portionen

300 g Rinderfilet
1 große Möhre
¼ Sellerieknolle
2 große Salatkartoffeln
1 Stange Lauch
50 g Butter
1 Lorbeerblatt
Salz
grob zerstoßene Pfeffermischung (je 3 weiße und schwarze Pfeffer- und Pimentkörner)
100 ml Brühe

Das Fleisch mundgerecht würfeln. Die Gemüse putzen, waschen und so zerteilen, daß sie gleichzeitig gar werden, also: Möhre, Sellerie und Kartoffeln in kleine Würfel von gut 0,5 cm Seitenlänge, den Lauch in dicke Scheiben (etwa 1,5 cm).

Die Butter in einer großen

Pfanne aufschäumen, alles Gemüse und das Lorbeerblatt hineingeben und anbraten. Kräftig salzen und pfeffern.

Die Fleischstücke leicht salzen und dazugeben, zuvor das Gemüse an den Rand schieben. Einige Minuten braten, dann alles in einen vorgewärmten Schmortopf umfüllen. Die Brühe angießen, gut zugedeckt 10 Minuten ganz leicht köcheln lassen. Würzig abschmecken und heiß servieren.

Nährwerte pro Portion	
Kilokalorien	*520*
Kilojoule	*2200*
Eiweiß/g	*36*
Kohlenhydrate/g	*34*
Fett/g	*29*
Ballaststoffe/g	*11*

Pfälzer Schweinesauer

einfach, braucht Zeit
4 Portionen

800 g mageres Schweinefleisch
2 große Zwiebeln
20 g Fett
¼ l Brühe
Salz
Pfeffer
1 Messerspitze Nelkenpulver
250 g Möhren
1 Stange Lauch
1 mittelgroße Sellerieknolle
1 Petersilienwurzel
2 EL Weinessig
1 TL gerebelter Majoran

Das Schweinefleisch in Würfel schneiden, Zwiebeln abziehen und grob hacken.

Beides in einem Topf im Fett anbraten und anschließend mit ¼ l Brühe aufgießen. Salz, Pfeffer und Nelkenpulver dazugeben und ca. 1 Stunde schmoren.

In der Zwischenzeit Möhren, Lauch, Sellerie und Petersilienwurzel waschen, putzen und kleinschneiden.

Das Gemüse zum Fleisch geben und weitere 20 Minuten im geschlossenen Topf dünsten. Kurz vor dem Servieren mit Weinessig und Majoran abschmecken.

Tip:
Mit Serviettenknödeln oder Salzkartoffeln servieren.

Nährwerte pro Portion	
Kilokalorien	*410*
Kilojoule	*1730*
Eiweiß/g	*44*
Kohlenhydrate/g	*9*
Fett/g	*19*
Ballaststoffe/g	*7,6*

Schtunggis

einfach, braucht Zeit
4 Portionen

500 g mageres Schweinefleisch
2 Zwiebeln
2 EL Butterschmalz
Salz
Pfeffer
1 Messerspitze geriebene Muskatnuß
1 TL gerebelter Majoran
1 Kohlrabi
½ kleine Sellerieknolle
250 g Möhren
1 Stange Lauch
¼ l Brühe
4 Kartoffeln
1 Glas trockener Weißwein

Das Fleisch in kleine Würfel schneiden. Zwiebeln abziehen und grob hacken.

In einer Pfanne das Schmalz erhitzen, die Fleischwürfel darin scharf anbraten, später Zwiebeln zufügen und mitrösten. Mit Salz, Pfeffer, Muskat und Majoran würzen.

Kohlrabi, Sellerie und Möhren waschen, schälen und in kleine Stücke schneiden. Lauch putzen, gründlich waschen und in feine Ringe schneiden.

Gemüse und Fleisch in Lagen in einen gut schließenden Topf schichten. Mit der Brühe angießen und zugedeckt in dem auf 175 °C vorgeheizten Backofen auf der unteren Schiene 1 Stunde lang schmoren.

In der Zwischenzeit Kartoffeln waschen, schälen, halbieren und in dünne Scheiben schneiden.

Nach 1 Stunde unter das Gericht heben, Wein dazugießen und im geschlossenen Topf noch 30 Minuten weiter schmoren.

Nährwerte pro Portion	
Kilokalorien	*390*
Kilojoule	*1620*
Eiweiß/g	*30*
Kohlenhydrate/g	*23*
Fett/g	*16*
Ballaststoffe/g	*6,1*

Steirisches Wurzelfleisch

einfach

4 Portionen

500 g Rindfleisch
2 große Zwiebeln
3 Möhren
½ Sellerieknolle
1 kleiner Kohlrabi
4 Kartoffeln
1 Stange Lauch
1 Knoblauchzehe
Salz
Pfeffer
gerebelter Majoran
Thymian
1 Lorbeerblatt
100 g TK-Erbsen
Weinessig
1 Bund glatte Petersilie
100 g frisch geriebener Meerrettich

Das Fleisch in sehr kleine Würfel schneiden. Zwiebeln abziehen, Möhren, Sellerie, Kohlrabi putzen und würfeln. Kartoffeln waschen, schälen, halbieren und in Scheiben schneiden. Lauch putzen, waschen und in dünne Ringe schneiden.

Alles in einen Topf geben. Die Knoblauchzehe abziehen, fein hacken und zusammen mit Salz, Pfeffer, Majoran, Thymian und dem Lorbeerblatt zufügen. So viel Wasser angießen, daß alles gut bedeckt ist. Im geschlossenen Topf bei schwacher Hitze sanft köcheln lassen, bis das Fleisch weich ist. Das hängt von der Fleischqualität ab, deshalb nach 40 Minuten eine Garprobe machen.

Die Erbsen untermischen und weitere 5 Minuten garen. Mit Essig abschmekken.

Gewaschene Petersilie hacken und kurz vor dem Servieren über den Eintopf streuen.

Den frisch geriebenen Meerrettich getrennt dazu reichen.

Nährwerte pro Portion	
Kilokalorien	*440*
Kilojoule	*1850*
Eiweiß/g	*34*
Kohlenhydrate/g	*34*
Fett/g	*15*
Ballaststoffe/g	*12*

Schnitz

einfach

4 Portionen

500 g Möhren
350 g Kartoffeln
125 g Sellerie
1 Stange Lauch
250 g Blumenkohl
250 g Rinderhackfleisch
50 g Butter
Salz
Pfeffer
1 Bund Petersilie

Möhren, Kartoffeln, Sellerie und Lauch waschen, putzen und schälen, dann in feine Scheiben schneiden.

Blumenkohl einige Zeit in Salzwasser legen, waschen und dann in Röschen teilen.

In einem Topf das Rinder hack kurz in Butter anbraten, dann das geputzte Gemüse zugeben. Mit Salz und Pfeffer würzen. 1½ l Wasser zugießen. Bei mittlerer Hitze 30 Minuten köcheln lassen.

Petersilie waschen, grob hacken und über das Gericht streuen.

Nährwerte pro Portion	
Kilokalorien	*380*
Kilojoule	*1600*
Eiweiß/g	*22*
Kohlenhydrate/g	*27*
Fett/g	*20*
Ballaststoffe/g	*13*

Gerollter Lammrücken

Selbstverständlich erledigt jeder Metzger das Ausbeinen, wenn Sie ihn darum bitten. Aber der Vorgang ist wirklich so einfach, daß ihn auch ungeübte Köche ausführen können

einfach, braucht Zeit, zum Einfrieren

6 Portionen

1 Lammrücken mit Knochen
und beiden Filets
(etwa 2,2 kg)
1 Bund glatte Petersilie
einige Zweige Thymian
Salz
frisch gemahlener schwarzer
Pfeffer
1 kg kleine Kartoffeln
10 Schalotten
5 Knoblauchzehen
6 große Möhren
2 Stangen Staudensellerie
40 g Butterschmalz
etwa 400 ml Rotwein
½ l Fleischbrühe
1 TL Senf
1 TL Johannisbeergelee
1 TL Tomatenmark
2 TL Speisestärke

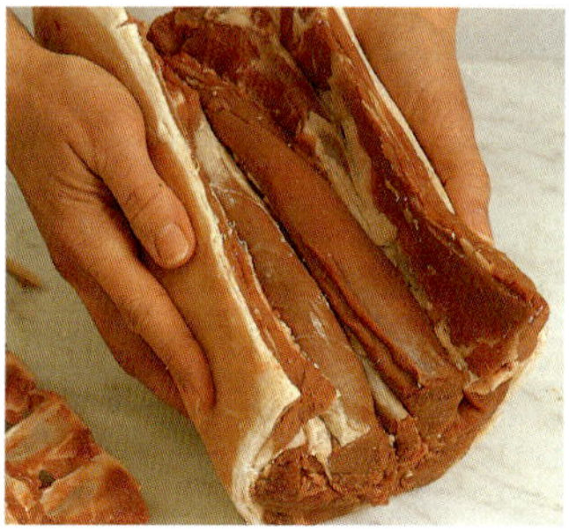

Zuerst mit einem scharfen Messer die beiden Filets herauslösen. Dann entlang des Rippenansatzes und der Wirbelsäule schneiden, so daß sich der gesamte Knochen entfernen läßt.

Die Petersilie waschen und die Blättchen fein hacken. Von zwei Thymianzweigen die Blättchen abzupfen. Die Filets und den Lammrücken innen mit Petersilie, Salz, Pfeffer und Thymian einreiben.

Die Filets mit dem Lammrücken umschließen und mit Küchengarn zur Rolle zusammenbinden.

Den Backofen auf 225 °C vorheizen. Kartoffeln, Schalotten und Knoblauchzehen schälen. Möhren schälen, in 2 cm dicke Scheiben schneiden. Selleriestangen waschen und in mundgerechte Stücke schneiden.

Die Fettpfanne mit 20 g Butterschmalz fetten, das Gemüse darin verteilen, restliche Thymianzweige darauflegen und auf die unterste Schiene des Backofens schieben. Den Lammrücken auf den Grillrost legen und über dem Gemüse auf die mittlere Schiene einschieben. Restliches Butterschmalz in einem kleinen Topf zerlassen, über das Fleisch gießen.

15 Minuten anbraten, dann die Temperatur auf 200 °C zurückstellen und das Fleisch mit dem Rotwein begießen. 75 Minuten braten, dabei zwischendurch einige Male mit ¼ l von der Fleischbrühe und der Flüssigkeit aus der Fettpfanne begießen.

Das Fleisch unter dem Grill in 5 bis 10 Minuten knusprig bräunen. Den Herd ausschalten, Fleisch ruhen lassen. Die Fettpfanne aus dem Backofen nehmen, Gemüse in eine vorgewärmte Schüssel umfüllen und warm stellen.

Restliche Brühe in die Saftpfanne gießen, Bratensatz lösen. In einem Topf aufkochen, mit Senf, Johannisbeergelee, Tomatenmark, Salz und Pfeffer abschmekken. Stärke in etwas Rotwein anrühren, Sauce damit binden. Zu Fleisch und Gemüse servieren.

Nährwerte pro Portion	
Kilokalorien	*770*
Kilojoule	*3220*
Eiweiß/g	*52*
Kohlenhydrate/g	*35*
Fett/g	*41*
Ballaststoffe/g	*6,7*

Lamm-Möhrentopf

einfach, braucht Zeit

6 Portionen

750 g Lammfleisch ohne Knochen
3 Knoblauchzehen
Salz
Pfeffer
1 kg Möhren
500 g Kartoffeln
500 g Zwiebeln
2 Lorbeerblätter
1 gehäufter TL provenzalische Kräutermischung
⅛ l Weißwein
⅛ l Fleischbrühe
200 g saure Sahne oder Crème fraîche
Salz
1 Handvoll frische Kräuter: Minze oder Dill, Schnittlauch oder Petersilie und Basilikum

Den Tontopf wässern. Das Fleisch in Würfel schneiden, den Knoblauch abziehen. Zerdrückten Knoblauch, Salz und frisch gemahlenen Pfeffer mit den Fleischwürfeln vermischen.

Möhren waschen und putzen. Kartoffeln schälen, Zwiebeln abziehen. Alle drei Gemüse in gleich große Stücke schneiden. Statt der großen Zwiebeln eventuell Schalotten oder Grillzwiebeln, abgezogen und im ganzen, verwenden.

Fleisch und Gemüse in den Tontopf legen. Lorbeerblätter und Kräuter zugeben, mit Wein und Fleischbrühe übergießen.

Die geschlossene Form in den kalten Backofen stellen, auf 200 °C aufheizen und den Lamm-Möhrentopf 2 Stunden garen.

Saure Sahne mit Salz und gehackten Kräutern verrühren und zum fertigen Eintopf reichen.

Nährwerte pro Portion	
Kilokalorien	*640*
Kilojoule	*2700*
Eiweiß/g	*20*
Kohlenhydrate/g	*23*
Fett/g	*50*
Ballaststoffe/g	*8*

Neue Kartoffeln vom Blech

einfach

4 Portionen

750 g neue Kartoffeln	
Öl für das Blech	
50 g Butter	
50 g grobes Salz	
2 TL Kümmel	

Kartoffeln unter fließendem Wasser gründlich abbürsten und halbieren.

Backblech mit etwas Öl einstreichen, die Kartoffeln mit der Schnittfläche nach unten darauf setzen.

Butter in einem Topf zerlassen und die Kartoffeloberseiten damit einpinseln. Mit Salz und Kümmel bestreuen.

Auf der mittleren Schiene im Backofen bei 220 °C etwa 45 Minuten backen.

Variation:
Die gewaschenen Kartoffeln mit Küchenpapier trockentupfen und kreuzweise tief einschneiden.

Das Backblech dick mit Salz bestreuen. Kartoffeln in das Salzbett setzen.

Butter schmelzen, Kartoffeln damit einpinseln und mit wenig Salz würzen.

Bei 220 °C im Backofen etwa 40 Minuten backen.

Nährwerte pro Portion	
Kilokalorien	*260*
Kilojoule	*1100*
Eiweiß/g	*4*
Kohlenhydrate/g	*32*
Fett/g	*12*
Ballaststoffe/g	*4,3*

Gewürfelte Blechkartoffeln mit Schinkenspeck

einfach

6 Portionen

1 kg mehlige Kartoffeln
250 g Schinkenspeck
2 große Zwiebeln
Öl für das Backblech
2 TL Majoran
Salz
frisch gemahlener Pfeffer
50 g Butter

Kartoffeln waschen, schälen und in kleine Würfel schneiden. Schinkenspeck grob würfeln. Zwiebeln abziehen und hacken.

Ein Backblech mit Öl bestreichen. Kartoffelwürfel, Speck und Zwiebeln darauf verteilen. Mit Majoran, Salz und frisch gemahlenem Pfeffer kräftig würzen. Butter in Flöckchen darübergeben.

Auf der mittleren Schiene im Backofen bei 220 °C ca. 20 Minuten backen.

Nährwerte pro Portion	
Kilokalorien	*480*
Kilojoule	*2000*
Eiweiß/g	*8*
Kohlenhydrate/g	*28*
Fett/g	*38*
Ballaststoffe/g	*5,2*

Gefüllte Folienkartoffeln

einfach, braucht Zeit

2 Portionen

2 große gleichmäßige Kartoffeln
Fett für die Folie
250 g Speisequark
etwas Milch
Salz
frisch gemahlener schwarzer Pfeffer
Paprikapulver, edelsüß
½ Bund glatte Petersilie
etwas frischer Kerbel
½ Bund Schnittlauch

Die Kartoffeln gründlich waschen und schrubben, wieder abtrocknen, mehrfach einstechen, dann in gefettete Alufolie wickeln.

Bei 200 °C im Backofen etwa 1 Stunde garen. Mit einem Metallspieß bereits nach 45 Minuten prüfen, ob die Kartoffeln durchgegart sind, ansonsten die Backzeit verlängern.

Inzwischen den Quark mit Milch verrühren, mit Salz, Pfeffer und Paprikapulver würzen. Die Kräuter fein hacken und den größeren Teil davon unter den Quark ziehen. Pikant abschmecken.

Die Kartoffeln auswickeln und kreuzweise einschneiden. Nach unten leicht zusammendrücken, um sie zu öffnen. Mit der Quarkcreme füllen, mit den übrigen Kräutern bestreuen.

Variation:
Servieren Sie die gebackenen Kartoffeln statt mit Quark mit einer Mischung aus saurer Sahne und Crème fraîche. Eine beliebige Kaviarsorte krönt das Gericht.

Nährwerte pro Portion	
Kilokalorien	*330*
Kilojoule	*1400*
Eiweiß/g	*21*
Kohlenhydrate/g	*38*
Fett/g	*11*
Ballaststoffe/g	*6*

Anna-Kartoffeln

einfach, braucht Zeit

4 Portionen

1 kg festkochende Kartoffeln
100 g Butter
Salz
Pfeffer

Die Kartoffeln waschen, schälen und in gleichmäßig dünne Scheiben schneiden.

Eine flache Auflaufform ausbuttern und die Kartoffelscheiben schuppenartig einlegen. Kräftig mit Salz und frisch gemahlenem Pfeffer würzen. Die restliche Butter in Flöckchen darauf verteilen.

Im vorgeheizten Backofen auf der mittleren Schiene bei 225 °C ca. 50 Minuten gratinieren. Falls die Kartoffeln zu braun werden, vor Ablauf der Garzeit mit Alufolie abdecken.
Anstelle der Butterflöckchen kann man auch 200 g Crème fraîche und frische Kräuter wie Rosmarin oder Thymian vor dem Gratinieren über die Kartoffeln geben.

Nährwerte pro Portion	
Kilokalorien	*480*
Kilojoule	*2020*
Eiweiß/g	*7*
Kohlenhydrate/g	*51*
Fett/g	*25*
Ballaststoffe/g	*6,9*

Kartoffel-Zwiebel-gratin

einfach, braucht Zeit
4 Portionen

1 kg festkochende Kartoffeln
3 große Zwiebeln
Salz
frisch gemahlener Pfeffer
1 TL Kümmel
200 g Schlagsahne
¼ l Milch
4 Eigelb
150 g geriebener Emmentaler

Die Kartoffeln waschen, schälen und in dünne Scheiben schneiden oder hobeln.

Die Zwiebeln abziehen, halbieren und in feine Halbringe schneiden.

Eine feuerfeste Form ausbuttern und Kartoffel- und Zwiebelscheiben abwechselnd schuppenartig einlegen. Leicht salzen und pfeffern, den Kümmel darüber verteilen.

Schlagsahne, Milch und das Eigelb verquirlen und über das Gratin gießen.

Im vorgeheizten Backofen auf der mittleren Schiene 50 Minuten bei 200 °C überbacken. Den geriebenen Käse darüberstreuen und weitere 15 Minuten gratinieren, bis der Käse goldbraun ist.

Tip:
Statt der Zwiebeln können auch Gemüse wie Kohlrabi, Fenchel, Möhren oder Teltower Rübchen verwendet werden. In diesem Fall gießt man das Gratin mit ½ l Brühe an und gibt erst mit dem Käse 200 g Schlagsahne mit 4 Eigelb darüber.

Nährwerte pro Portion	
Kilokalorien	*660*
Kilojoule	*2760*
Eiweiß/g	*25*
Kohlenhydrate/g	*36*
Fett/g	*51*
Ballaststoffe/g	*6,7*

Gratin Dauphinois

einfach, braucht Zeit

4 Portionen

1 kg festkochende Kartoffeln
1 Knoblauchzehe
400 g Schlagsahne
1 Messerspitze geriebene Muskatnuß
Salz
frisch gemahlener weißer Pfeffer
Butter für die Form

Die Kartoffeln waschen, schälen und in dünne Scheiben hobeln oder schneiden.

Die Knoblauchzehe abziehen und mit der Presse in die Sahne drücken. Mit Muskatnuß, Salz und Pfeffer würzen.

Eine Auflaufform ausbuttern. Die Kartoffelscheiben schuppenartig einlegen und die gewürzte Sahne darübergießen.

Im vorgeheizten Backofen bei 220 °C ca. 1 Stunde backen.

Zur Abwechslung kann man über das Gratin noch geriebenen Gruyère streuen.

Nährwerte pro Portion	
Kilokalorien	*690*
Kilojoule	*2880*
Eiweiß/g	*11*
Kohlenhydrate/g	*47*
Fett/g	*47*
Ballaststoffe/g	*5,8*

Kartoffelgratin mit Wildkräutern

einfach

4 Portionen

1 kg festkochende Kartoffeln	
50 g Wildkräuter, z. B. Brennesselspitzen, Sauerampfer, Löwenzahn	
2 Zwiebeln	
1 Knoblauchzehe	
Meersalz	
1 TL geriebene Muskatnuß	
Butter für die Form	
2 Eier	
4 EL saure Sahne	
1 TL Kümmel	
40 g Butter	
100 g geriebener Emmentaler	

Die Kartoffeln dünn schälen und grob raspeln.

Die Wildkräuter verlesen und waschen.

Die Zwiebeln und die Knoblauchzehe abziehen, alles fein hacken und mit den Kartoffeln mischen. Mit Meersalz und Muskatnuß würzen.

Eine Auflaufform buttern und die Kartoffelmasse hineinfüllen.

Die Eier mit der sauren Sahne, ein wenig Meersalz und Kümmel verrühren und über den Auflauf gießen.

Die Butter in Flöckchen daraufsetzen.

Im vorgeheizten Ofen bei 175 °C 40 Minuten backen.

Kurz bevor der Auflauf fertig ist, den Käse darüberstreuen und kurz goldgelb überbacken.

Nährwerte pro Portion	
Kilokalorien	*400*
Kilojoule	*1700*
Eiweiß/g	*16*
Kohlenhydrate/g	*34*
Fett/g	*23*
Ballaststoffe/g	*6*

Ballonkartoffeln

Wie alle guten Kartoffeln schmeckt auch die Ballonkartoffel am besten mit Butter. Sie paßt aber als Beilage zu fast allen Gerichten

2 Portionen

2 große mehlige Kartoffeln
Salz

Backofen auf 220 °C vorheizen. Kartoffeln waschen, schrubben und trocknen. Jede Kartoffel waagrecht halbieren.

Kartoffelhälften mit der Schnittfläche nach oben auf den Rost legen, sie dürfen sich nicht berühren! Die Schnittflächen gleichmäßig, aber nur dünn mit Salz bestreuen. Kartoffeln auf der mittleren Schiene in den vorgeheizten Backofen schieben.

Zunächst schmilzt das Salz, dann überzieht sich die Schnittfläche mit einer dünnen »Haut«, die sich nach etwa 25 bis 30 Minuten blasenförmig abhebt, bis sie gewölbt und hellbraun ist. Nach dem Wölben sollten die Ballonkartoffeln noch mindestens 5 Minuten im Backofen bleiben.

Falls sich das Servieren hinauszögert, können Sie die Kartoffeln aber ruhig weitere 10 Minuten bei niedriger Temperatur im Backofen warm halten.

Nährwerte pro Portion	
Kilokalorien	*210*
Kilojoule	*870*
Eiweiß/g	*5*
Kohlenhydrate/g	*43*
Fett/g	*0*
Ballaststoffe/g	*5,8*

Fächerkartoffeln

einfach, braucht Zeit
6 Portionen

12 große mehlige Kartoffeln
50 g Butter
100 g Emmentaler in dünnen Scheiben
200 g Kräuterbutter

Die Kartoffeln waschen, schälen und fächerförmig einschneiden. Dazu legt man sie am besten auf einen Eßlöffel und schneidet mit einem scharfen Küchenmesser jeweils bis zum Löffelrand. So verhindert man, daß die Kartoffel versehentlich ganz durchgeschnitten wird.

Die Butter in einem kleinen Topf schmelzen und 6 der Kartoffeln damit einpinseln. Diese Kartoffeln leicht auffächern und in die Zwischenräume Käsestückchen legen.

Die anderen 6 Kartoffeln mit der Hälfte der Kräuterbutter füllen.

Alle Kartoffeln auf ein Backblech setzen und im Backofen auf der mittleren Schiene rund 1 Stunde bei 200 °C backen.

Zum Servieren auf jeden Teller 1 Käse- und 1 Kräuterkartoffel geben und mit der restlichen Kräuterbutter garnieren.

Dazu passen eine große Schüssel gemischter Blattsalat und kaltes oder warmes Roastbeef.

Nährwerte pro Portion	
Kilokalorien	*720*
Kilojoule	*3030*
Eiweiß/g	*13*
Kohlenhydrate/g	*69*
Fett/g	*40*
Ballaststoffe/g	*9,2*

Rösti

einfach

2 Portionen

600 g mehlige Kartoffeln	
Salz	
40 g Butterschmalz	

Kartoffeln gründlich waschen und die Hälfte davon in der Schale in Salzwasser etwa 20 Minuten kochen. Sie sollen knapp gar sein.

Abschütten, kurz mit kaltem Wasser abschrecken und abkühlen lassen.

Inzwischen die rohen Kartoffeln schälen und raspeln. Gekochte Kartoffeln ebenfalls schälen, grob raspeln.

Mit den gekochten Kartoffeln mischen und schwach salzen.

In einer schweren Eisenpfanne oder einer beschich-

teten Pfanne die Hälfte des Butterschmalzes erhitzen. Die Kartoffelraspel hineingeben, flach drücken und kurz anbraten.

Die Pfanne zudecken und die Rösti bei kleiner Flamme etwa 10 Minuten weiter bräunen.

Rösti auf einen großen Teller stürzen, restliches Schmalz zerlassen und die Rösti mit der angebratenen Seite nach oben wieder in die Pfanne gleiten lassen. Die zweite Seite ebenfalls goldbraun braten.

Zum Servieren in 2 Portionen aufteilen.

Wer die Rösti deftiger will, kann eine kleingehackte Zwiebel vor dem Braten unter die Kartoffelraspel geben.

Nährwerte pro Portion	
Kilokalorien	*430*
Kilojoule	*1816*
Eiweiß/g	*6*
Kohlenhydrate/g	*51*
Fett/g	*20*
Ballaststoffe/g	*6,9*

Pommes frites

einfach

4 Portionen

1 kg große vorwiegend festkochende Kartoffeln
1 l Öl oder
750 g Kokosfett
Salz

Rohe Kartoffeln werden als »Pommes« und in vielen anderen Schnittmustern fritiert. Die geschnitte-

nen und gewaschenen Kartoffelstäbchen – Buchstaben sind für Kinder lustiger – sehr sorgfältig trockentupfen. Die Kartoffeln in 4 Portionen einteilen.

Das Fritierfett auf 180 °C erhitzen. Jede Kartoffelportion in den Fritierkorb legen und das erste Mal etwa 3 Minuten fritieren. Dann herausheben, abtropfen und abkühlen lassen. Bis zu diesem Punkt können sie auch einige Stunden im voraus zubereitet werden.

Die vorfritierten Kartoffeln ein zweites Mal wieder portionsweise ins heiße Fett geben und in weiteren 4 Minuten goldbraun backen. Herausheben, abtropfen lassen und in einer vorgewärmten Schüssel im Backofen bei 100 °C warm halten, bis alle Kartoffeln gebacken sind.

Dann die Pommes frites kräftig salzen und sofort servieren.

Nährwerte pro Portion	
Kilokalorien	*550*
Kilojoule	*2300*
Eiweiß/g	*9*
Kohlenhydrate/g	*60*
Fett/g	*27*
Ballaststoffe/g	*7,4*

Bratkartoffeln

einfach

4 Portionen

1 kg festkochende Kartoffeln
100 g geräucherter Schweinebauch am Stück
2 EL Butterschmalz
Salz
1 Bund Petersilie
Pfeffer
1 TL Paprikapulver

Die Kartoffeln schälen, waschen und in gleichmäßige kleine Würfel schneiden.

Den Schweinebauch fein würfeln.

In einer großen Eisenpfanne das Butterschmalz stark erhitzen und den Speck darin auslassen. Kartoffelwürfel zugeben und bei mittlerer Hitze gut 5 Minuten auf einer Seite braten, salzen.

In der Zwischenzeit Petersilie waschen, trockenschleudern, die Blätter von den Stengeln zupfen und hacken.

Die Kartoffeln wenden und, sobald sie auf allen Seiten braun sind, mit Salz, Pfeffer und Paprikapulver würzen.

Insgesamt etwa 15 Minuten braten. Zuletzt mit gehackter Petersilie bestreuen.

Variation:
Nach dem ersten Wenden der Kartoffeln 1 gehackte Zwiebel zugeben und/oder zuletzt mit einer gepreßten Knoblauchzehe und ½ Teelöffel Kümmel würzen.

Nährwerte pro Portion	
Kilokalorien	*440*
Kilojoule	*1850*
Eiweiß/g	*8*
Kohlenhydrate/g	*43*
Fett/g	*24*
Ballaststoffe/g	*6*

Kartoffeln, im ganzen gebraten

einfach

4 Portionen

1 kg kleine vorwiegend festkochende Kartoffeln
Salz
2 EL Butterschmalz oder
4 EL Öl
½ TL Kümmel
1 TL getrockneter Majoran

Die Kartoffeln waschen, in einem Topf knapp mit Salzwasser bedecken und als Pellkartoffeln kochen. Nach 20 Minuten eine Garprobe machen, die Kartoffeln dürfen nicht zu weich werden!

Die Pellkartoffeln abgießen, kalt spülen, ausdampfen lassen und dann schälen.

Das Fett in einer schweren Pfanne stark erhitzen und die Kartoffeln darin von einer Seite etwa 3 Minuten anbraten, bis sich eine leichte Kruste bildet und sie nicht mehr ankleben. Die Kartoffeln unter Wenden und bei mittlerer Hitze rundherum anrösten. Wenn sie eine schöne goldbraune Farbe annehmen, leicht salzen und mit Kümmel und Majoran würzen.

Tip:
Zum Braten von Kartoffeln immer reichlich Fett nehmen – der Pfannenboden sollte bedeckt sein. Die fertigen Bratkartoffeln eventuell kurz auf Küchenpapier legen, damit überschüssiges Fett abläuft.

Nährwerte pro Portion	
Kilokalorien	*320*
Kilojoule	*1340*
Eiweiß/g	*5*
Kohlenhydrate/g	*43*
Fett/g	*12*
Ballaststoffe/g	*5,8*

Neue Kartoffeln, in der Schale gebraten

einfach

4 Portionen

- 1 kg neue Kartoffeln, möglichst gleich große
- 50 ml Olivenöl
- 60 g Butter
- 1 Knoblauchzehe
- ½ TL Rosmarinnadeln
- 1 TL grobes Salz
- frisch gemahlener schwarzer Pfeffer

Kartoffeln waschen, sauber bürsten und abtrocknen.

In einer Pfanne Olivenöl und 50 g Butter erhitzen. Kartoffeln einlegen, zudekken und bei mittlerer Hitze gar braten. Die Pfanne ab und zu rütteln.

Die Knoblauchzehe abziehen und fein hacken. 10 g Butter in die Pfanne geben. Die Rosmarinnadeln, das grobe Salz und etwas frisch gemahlenen schwarzen Pfeffer hinzufügen.

Kartoffeln noch kurz weiterbraten und schwenken, bis der Knoblauch etwas Farbe annimmt.

Nährwerte pro Portion	
Kilokalorien	*320*
Kilojoule	*1360*
Eiweiß/g	*5*
Kohlenhydrate/g	*43*
Fett/g	*13*
Ballaststoffe/g	*5,8*

Salzkartoffeln

einfach

4 Portionen

1 kg Kartoffeln
1 TL Salz
1 Schuß Milch

Die Kartoffeln waschen und schälen. Je nach Größe halbieren oder in gleich große Stücke schneiden.

In einen Kochtopf mit gut schließendem Deckel geben. ¼ l kaltes Wasser, Salz und einen Schuß Milch darauf geben. Die Milch verbessert den Geschmack und hilft, die helle Farbe der Kartoffeln zu erhalten. Kartoffeln im geschlossenen Topf je nach Größe 20 bis 30 Minuten garen. Sie sind dann gar, wenn man beim Einstechen mit einem spitzen Küchenmesser keinen Widerstand mehr spürt.

Die Kartoffeln in einen Durchschlag abgießen. Zurück in den Topf geben und auf der noch warmen Herdplatte etwa 2 Minuten ausdampfen lassen, dabei den Topf mehrmals rütteln. Anschließend sofort servieren.

Nährwerte pro Portion	
Kilokalorien	*210*
Kilojoule	*870*
Eiweiß/g	*5*
Kohlenhydrate/g	*43*
Fett/g	*0*
Ballaststoffe/g	*5,8*

Pellkartoffeln

einfach

4 Portionen

1 kg Kartoffeln
1 TL Salz
1 TL Kümmel oder
Rosmarin

Die Kartoffeln gründlich waschen und abbürsten.

In einen Topf mit gutschließendem Deckel geben und etwa ½ l kaltes Wasser angießen. Salz und Kümmel oder Rosmarin dazugeben. Zum Kochen bringen und auf kleiner Hitze 20 bis 30

Minuten köcheln lassen. Die Garzeit richtet sich nach der Größe der Kartoffeln. Mit einem spitzen Küchenmesser die Garprobe machen. Verspürt man beim Einstechen keinen Widerstand, sind die Kartoffeln fertig.

In einen Durchschlag abgießen und kurz mit kaltem Wasser abschrecken.

Einige Minuten ausdampfen lassen, schälen und anschließend sofort servieren.

Nährwerte pro Portion	
Kilokalorien	*210*
Kilojoule	*870*
Eiweiß/g	*5*
Kohlenhydrate/g	*43*
Fett/g	*0*
Ballaststoffe/g	*5,8*

Béchamelkartoffeln

einfach

4 Portionen

800 g festkochende Kartoffeln
Salz
2 Zwiebeln
¼ l Brühe
2 EL Butter
2 EL Mehl
¼ l Milch
1 Messerspitze geriebene Muskatnuß
Pfeffer
Butter für die Form

Die Kartoffeln waschen und in der Schale in Salzwasser kochen. Abgießen, mit kaltem Wasser abschrecken, schälen und in dünne Scheiben schneiden.

Die Zwiebeln abziehen und fein hacken.

Die Brühe in einem kleinen Topf erhitzen.

Die Butter in einer Stielkasserolle schmelzen, die Zwiebeln darin goldbraun andünsten. Das Mehl darüberstäuben. Nun unter ständigem Rühren mit dem Schneebesen die heiße Brühe und anschließend die Milch angießen. Bei schwacher Hitze 15 Minuten köcheln, dabei gelegentlich umrühren. Mit Salz, Muskatnuß und frisch gemahlenem Pfeffer würzen. Die Kartoffelscheiben vorsichtig unter die Sauce heben.

Eine flache feuerfeste Form ausbuttern und die Béchamelkartoffeln hineingeben.

Im vorgeheizten Backofen auf der oberen Schiene bei 225 °C ca. 15 Minuten überbacken.

Nährwerte pro Portion	
Kilokalorien	*290*
Kilojoule	*1230*
Eiweiß/g	*7*
Kohlenhydrate/g	*42*
Fett/g	*9*
Ballaststoffe/g	*5,4*

Nährwerte pro Portion	
Kilokalorien	240
Kilojoule	1020
Eiweiß/g	4
Kohlenhydrate/g	39
Fett/g	6
Ballaststoffe/g	4,3

Karamelkartoffeln

einfach

4 Portionen

- 750 g sehr kleine festkochende Kartoffeln
- Salz
- 2 EL Butter
- 2 EL Zucker
- 4 EL Kalbsfond

Kartoffeln waschen, in der Schale in Salzwasser weich kochen, abgießen, mit kaltem Wasser abschrecken und schälen.

Die Butter in einer Eisenpfanne schmelzen, die noch warmen Pellkartoffeln hineingeben und von allen Seiten braun anbraten. Nach und nach den Zucker darüberstreuen und unter gelegentlichem Rühren karamelisieren lassen.

Wenn der Zucker dunkel wird, mit dem Kalbsfond ablöschen und die Kartoffeln darin ziehen lassen, bis der Fond geliert.

Eine raffinierte Beilage zu kräftigen Fleischgerichten.

Tip:
Neue Kartoffeln vor dem Karamelisieren nicht schälen, sondern in der Schale braten.

Kartoffeln in Petersiliensauce

einfach

4 Portionen

- 1 kg kleine Kartoffeln
- 1 große Zwiebel
- 1 große Knoblauchzehe
- 2 Bund glatte Petersilie
- 6 EL Olivenöl
- Salz
- Pfeffer

Die Kartoffeln waschen, schälen und in 1 cm dicke Scheiben schneiden.

Zwiebel und Knoblauch abziehen und mit der Petersilie fein hacken.

In einer schweren Eisenpfanne das Olivenöl sehr heiß werden lassen. Wenn das Öl raucht, die Kartoffelscheiben hineingeben. Kurz anbraten.

Zwiebel, Knoblauch und Petersilie über die Kartoffeln streuen. Mit Salz und Pfeffer würzen.

350 ml Wasser zum Kochen bringen und über die Kartoffeln gießen. Vorsichtig umrühren.

Die Pfanne mit einem Deckel schließen und die Kartoffeln bei schwacher Hitze ca. 20 Minuten garen, bis sie weich sind. Dabei die Pfanne ab und zu rütteln, damit nichts am Boden anhängt.

Eine ideale Beilage zu Fisch und kurzgebratenem Fleisch.

Nährwerte pro Portion	
Kilokalorien	*390*
Kilojoule	*1650*
Eiweiß/g	*6*
Kohlenhydrate/g	*45*
Fett/g	*19*
Ballaststoffe/g	*6,9*

Rahmkartoffeln

einfach

4 Portionen

750 g festkochende Kartoffeln
Salz
2 EL Butterschmalz
1 Knoblauchzehe
1 Stange Lauch
200 g Schlagsahne
1/8 l Milch
Pfeffer
1 Messerspitze gemahlene Muskatnuß

Die Kartoffeln waschen, in der Schale in Salzwasser kochen. Wenn sie fast weich sind, abgießen, kurz mit kaltem Wasser abschrekken, schälen und grob würfeln.

In einer großen Pfanne das Butterschmalz sehr heiß werden lassen und die Kartoffelwürfel darin von allen Seiten goldbraun anbraten.

Die Knoblauchzehe

abziehen und fein hacken. Lauch putzen, gründlich waschen und bis auf die oberen Blätter in feine Ringe schneiden.

Sahne und Milch verquirlen, mit Salz, Pfeffer und Muskatnuß würzen und über die Kartoffeln gießen. Knoblauch und die Lauchringe zugeben und vorsichtig unterheben. Bei mittlerer Hitze etwas einkochen lassen, bis die Sauce sämig ist.

Nährwerte pro Portion	
Kilokalorien	*410*
Kilojoule	*1710*
Eiweiß/g	*7*
Kohlenhydrate/g	*36*
Fett/g	*24*
Ballaststoffe/g	*5,3*

Kartoffelpüree

einfach

2 Portionen

600 g mehlige Kartoffeln
Salz
150 ml Milch
15 g Butter
1 Messerspitze geriebene Muskatnuß

Kartoffeln waschen, schälen, halbieren oder – je nach Größe – vierteln. In Salzwasser gar kochen.

In ein Sieb abgießen und ausdampfen lassen. Dann durch eine Kartoffelpresse drücken oder zerstampfen.

Milch und Butter in einem kleinen Topf erhitzen. Unter ständigem Rühren mit dem Schneebesen unter die Kartoffelmasse geben. Püree sahnig schlagen und mit Salz und Muskatnuß abschmekken.

Nährwerte pro Portion	
Kilokalorien	*360*
Kilojoule	*1500*
Eiweiß/g	*9*
Kohlenhydrate/g	*55*
Fett/g	*9*
Ballaststoffe/g	*7*

Kartoffelstrudel

Kartoffeln schon am Vortag kochen

braucht Zeit

6 Portionen

1 kg mehlige Kartoffeln
Salz
2 Zwiebeln
2 EL Öl
1 Ei
250 g Schlagsahne
2 EL Butter
150 g Mehl
80 g Grieß
Mehl zum Bestäuben
75 g Semmelbrösel

Die Kartoffeln am Vortag waschen, schälen, in Stücke schneiden und in Salzwasser ca. 20 Minuten kochen.

Abgießen, ausdampfen lassen und noch warm durch eine Kartoffelpresse drükken. Die Kartoffelmasse im Kühlschrank aufbewahren.

Die Zwiebeln abziehen,

halbieren und in feine Scheiben schneiden. In Öl braun anbraten, danach etwas abkühlen lassen.

In der Zwischenzeit aus der Kartoffelmasse, Ei, Sahne, Butter, Mehl und Grieß einen Teig kneten.

Ein sauberes Tuch mit Mehl bestäuben und den Teig darauf dünn ausrollen. Mit den gerösteten Zwiebeln und den Semmelbröseln bedecken und mit Hilfe des Tuchs zu einem Strudel zusammenrollen.

Kartoffelstrudel in eine frische Serviette einwickeln, die an beiden Enden gut zugebunden wird.

In kochendes Salzwasser legen und 25 Minuten bei schwacher Hitze ziehen lassen. Herausheben, auswickeln und sofort in fingerdicke Scheiben schneiden.

Der Strudel eignet sich besonders gut als Beilage für Schmorgerichte.

Nährwerte pro Portion	
Kilokalorien	*550*
Kilojoule	*2300*
Eiweiß/g	*11*
Kohlenhydrate/g	*68*
Fett/g	*23*
Ballaststoffe/g	*5,7*

Kartoffelschaum

einfach

6 Portionen

1 kg mehlige Kartoffeln
Salz
3 große Eier
150 g Schlagsahne
80 g Butter
1 TL gekörnte Brühe
100 g frisch geriebener Emmentaler
Butter für die Form

Die Kartoffeln waschen, schälen, vierteln und in Salzwasser gar kochen.

Abgießen, etwas ausdampfen lassen und noch warm durch eine Kartoffelpresse drücken.

Die Eier trennen. Das Eigelb mit der Sahne verquirlen, zu dem Kartoffelteig geben. Butter in kleine Stückchen schneiden und schnell unter den Teig kneten. Gekörnte Brühe und geriebenen Emmentaler daruntermischen.

Das Eiweiß mit einer Prise Salz sehr steif schlagen und vorsichtig unter den Kartoffelteig heben.

Eine feuerfeste Form oder Portionsförmchen ausfetten und den Kartoffelschaum hineingeben. Im vorgeheizten Ofen auf der mittleren Schiene bei 180 °C ca. 40 Minuten backen, portionsweise nur 30 Minuten.

Nährwerte pro Portion	
Kilokalorien	*440*
Kilojoule	*1840*
Eiweiß/g	*13*
Kohlenhydrate/g	*30*
Fett/g	*27*
Ballaststoffe/g	*3,8*

Kartoffelkroketten

einfach

4 Portionen

750 g mehlige Kartoffeln
Salz
30 g Butter
2 Eigelb
1 Messerspitze geriebene Muskatnuß
750 g Kokosfett zum Ausbacken

Kartoffeln waschen, schälen und in Salzwasser 20 bis 25 Minuten kochen.

Wasser abgießen und Kartoffeln ausdampfen lassen. Durch die Kartoffelpresse in eine Schüssel drücken. Mit Butter, Eigelb, Salz und Muskatnuß zu einem Teig verarbeiten. Aus dem Teig daumengroße Kroketten oder Bällchen formen.

Das Kokosfett in einer tiefen Pfanne oder der Friteuse sehr stark auf etwa 180 °C erhitzen. Die Kroketten portionsweise im heißen Fett von allen Seiten goldbraun ausbacken. Sofort servieren.

Nährwerte pro Portion	
Kilokalorien	*460*
Kilojoule	*1940*
Eiweiß/g	*5*
Kohlenhydrate/g	*32*
Fett/g	*33*
Ballaststoffe/g	*4,3*

> *Tip:*
> Den Kartoffelteig zu Bällchen formen und vor dem Ausbacken in Mandelblättern oder in Sesamsamen wenden.

Fingernudeln

einfach

4 Portionen

1 kg mehlige Kartoffeln
Salz
150 g Mehl
2 Eier
frisch gemahlener Pfeffer
1 Messerspitze geriebene Muskatnuß
Mehl für die Arbeitsfläche
50 g Butterschmalz

Die Kartoffeln waschen und in der Schale ca. 25 Minuten in Salzwasser kochen.

Abgießen, kurz mit kaltem Wasser abschrecken und schälen. Durch die Kartoffelpresse drücken und abkühlen lassen.

Kartoffeln mit Mehl, den Eiern, 1 Prise Salz, Pfeffer und Muskatnuß zu einem glatten, geschmeidigen Teig verkneten.

Backbrett mit Mehl bestäuben. Den Teig darauf zu einer Rolle formen und ca. 5 cm lange Stücke abschneiden. Die Stücke mit bemehlten Händen zu fingerlangen »Nudeln« rollen.

In einer tiefen Pfanne das Schmalz erhitzen und die Fingernudeln darin auf beiden Seiten goldbraun ausbraten.

Variation:
Das Schmalz in einer feuerfesten Form erhitzen, die Fingernudeln nebeneinander hineinlegen und bei 200 °C im vorgeheizten Ofen ca. 1 Stunde goldgelb backen.

> *Tip:*
> Den Kartoffelteig mit feingehackten Kräutern würzen.

Nährwerte pro Portion	
Kilokalorien	*500*
Kilojoule	*2110*
Eiweiß/g	*13*
Kohlenhydrate/g	*70*
Fett/g	*16*
Ballaststoffe/g	*6,6*

Herzoginkartoffeln

einfach

4 Portionen

750 g mehlige Kartoffeln
Salz
150 g Butter
3 Eigelb
1 Messerspitze geriebene Muskatnuß

Kartoffeln waschen, schälen und als Salzkartoffeln kochen.

Abgießen und ausdampfen lassen. Dann durch eine Kartoffelpresse in eine Schüssel drücken oder zerstampfen. Butter in Flöckchen sowie 2 Eigelb dazugeben und unterrühren. Mit Salz und Muskatnuß abschmecken.

Ein Backblech mit Backpapier auslegen.

Kartoffelmasse in einen Spritzbeutel mit Sterntülle füllen und auf das Backpapier kleine Rosetten oder Türmchen mit etwa 4 cm Durchmesser spritzen.

Das dritte Eigelb mit wenig Wasser verquirlen und die Rosetten damit bestreichen.

Im vorgeheizten Backofen auf der mittleren Schiene bei 225 °C 8 bis 10 Minuten backen, bis sie außen goldbraun sind.

Nährwerte pro Portion	
Kilokalorien	*500*
Kilojoule	*2100*
Eiweiß/g	*7*
Kohlenhydrate/g	*32*
Fett/g	*36*
Ballaststoffe/g	*4,3*

Tip:
Dekorativ und gut: Kartoffelpüree portionsweise auf feuerfeste Teller spritzen, bei 250 °C im Backofen goldgelb backen. Fleisch und Gemüse dazulegen. So bekommt auch die Servierplatte einen Kartoffelrand.

Gefüllte Kartoffeln

2 Portionen

4 Kartoffeln, vorwiegend festkochend
Salz
1 Knoblauchzehe
½ EL Butter
100 g TK-Blattspinat
Salz
frisch gemahlener Pfeffer
1 Prise Muskatnuß
1 Eigelb
Butter zum Bestreichen
1 EL geriebener Emmentaler
1 EL geriebener Parmesankäse

Die Kartoffeln schälen und in Salzwasser in 15 bis 20 Minuten knapp gar kochen.

Inzwischen die Knoblauchzehe abziehen und fein hacken. Die Butter in einem Töpfchen zerlassen, Knoblauch und Blattspinat darin dünsten. Mit Salz, Pfeffer und Muskatnuß würzen.

Die Kartoffeln abgießen, spülen und trockentupfen. Von jeder einen Deckel abschneiden und die Kartoffeln aushöhlen, einen Rand von ca. 1 cm stehenlassen.

Das Kartoffelfleisch mit einer Gabel zerdrücken und unter den Spinat mischen. Das Eigelb zugeben und die Füllung abschmecken.

Die Kartoffeln außen mit weicher Butter einstreichen. Die Spinatmischung in einen Spritzbeutel mit weiter Sterntülle füllen und in die Kartoffeln spritzen. Die Hütchen aufsetzen und mit beiden Käsesorten bestreuen.

Die gefüllten Kartoffeln im vorgeheizten Backofen bei 220 °C auf der zweiten Schiene von unten gut 10 Minuten backen, beziehungsweise bis der Käse zu bräunen beginnt.

Nährwerte pro Portion	
Kilokalorien	*400*
Kilojoule	*1670*
Eiweiß/g	*14*
Kohlenhydrate/g	*52*
Fett/g	*13*
Ballaststoffe/g	*8,5*

Kartoffelklöße mit Sonnenblumenkernen

einfach

4 Portionen

800 g mehlig-kochende Kartoffeln
Salz
80 g Sonnenblumenkerne
100 g Butter
150 g Weizenvollkornmehl
4 Eier
frisch gemahlener schwarzer Pfeffer
1 Bund Petersilie
150 g Pfifferlinge
½ l milde Gemüsebrühe
4 EL Schlagsahne

Kartoffeln waschen, in der Schale in Salzwasser kochen und noch heiß pellen. Kartoffeln durch ein feines Sieb oder die Kartoffelpresse drücken und erkalten lassen.

1 Eßlöffel Sonnenblumenkerne in einer trockenen Pfanne goldgelb rösten.

Den Rest der Kerne mit einer Getreide- oder Kaffeemühle mahlen und zu den Kartoffeln geben.

Die Kartoffelmasse mit der Hälfte der Butter, der Hälfte des Weizenvollkornmehls und den Eiern verrühren. Mit Salz und Pfeffer würzen.

Petersilie waschen, von den Stielen befreien und hacken.

Pfifferlinge putzen und kleinschneiden.

Die Hälfte der Petersilie, die Pfifferlinge und die restlichen Sonnenblumenkerne zum Kartoffelteig geben.

2 Eßlöffel in kaltes Wasser tauchen und ca. 16 Klöße aus der Masse formen.

Die Klöße in schwach siedendem Salzwasser ca. 15 Minuten ziehen lassen.

Das übrige Vollkornmehl in der restlichen Butter anschwitzen, mit der Gemüsebrühe und der Sahne auffüllen und unter Rühren bei milder Hitze 5 Minuten kochen lassen.

Die restliche Petersilie zufügen, abschmecken.

Die Kartoffelklöße abtropfen lassen und in einer vorgewärmten Schüssel anrichten.

Die Sauce gesondert dazu reichen.

Nährwerte pro Portion	
Kilokalorien	*670*
Kilojoule	*2800*
Eiweiß/g	*22*
Kohlenhydrate/g	*51*
Fett/g	*42*
Ballaststoffe/g	*8*

Rohe Kartoffelklöße

einfach, braucht Zeit

4 Portionen

1 kg große mehlige Kartoffeln
Salz
1 altbackenes Brötchen
1 EL Butterschmalz

Eine Kartoffel waschen und in Salzwasser 25 Minuten in der Schale kochen.

Inzwischen die restlichen Kartoffeln schälen, waschen und in eine Schüssel mit kaltem Wasser reiben. Stehenlassen, bis die gekochte Kartoffel gar ist.

Ein Sieb mit einem Mulltuch auslegen und auf eine Schüssel setzen. Die geriebe-

nen Kartoffeln samt Wasser hineinschütten. Kartoffelmasse mit dem Tuch über der Schüssel fest auspressen. Das Wasser 10 Minuten stehenlassen, damit sich die Stärke absetzen kann. Dann vorsichtig so abgießen, daß die Stärke in der Schüssel zurückbleibt.

Die gekochte Kartoffel abschrecken, schälen und mit der Kartoffelpresse in die Schüssel pressen. Die rohe Kartoffelmasse und die Stärke dazugeben. Alles gut vermischen und zu einem Teig kneten.

Das Brötchen entrinden und würfeln. Das Butterschmalz in einer Pfanne erhitzen und die Brotwürfel darin goldbraun anrösten.

Aus dem Teig mit nassen Händen einen winzigen Probekloß formen. Reichlich Salzwasser in einem Topf zum Kochen bringen. Den Probekloß 10 Minuten darin ziehen lassen. Wenn der Teig nicht hält, 1 bis 2 Eßlöffel Mehl in den Teig kneten. 5 bis 6 gleich große Klöße formen und in die Mitte jeweils einige Brotwürfel drücken.

Die Klöße in das kochende Wasser legen und bei schwacher Hitze ca. 25

Minuten gar ziehen lassen.

Eine ideale Beilage zu Gans, Schweinebraten oder Wildgerichten.

Tip:
Übriggebliebene Klöße am nächsten Tag in Scheiben schneiden und in Butterschmalz rösten. Dazu gemischten Salat reichen.

Nährwerte pro Portion	
Kilokalorien	*270*
Kilojoule	*1130*
Eiweiß/g	*6*
Kohlenhydrate/g	*48*
Fett/g	*4*
Ballaststoffe/g	*5,9*

Möhren-Schwarzwurzel-gratin

einfach

4 Portionen

- 500 g Schwarzwurzeln
- Mehl
- Essig
- Salz
- 1 EL Zucker
- 200 ml Milch
- 500 g Möhren
- 1 Zwiebel
- 2 EL Butter
- 200 ml Fleischbrühe
- Pfeffer
- 1 EL Zitronensaft
- Butter für die Form
- 100 g Emmentaler am Stück

Die Schwarzwurzeln unter fließendem, kalten Wasser waschen, dünn schälen und in fingerlange Stücke schneiden. Sofort in Wasser legen, das mit etwas Mehl und 1 Schuß Essig verrührt wurde.

1½ l Wasser mit Salz, Zucker und 4 Eßlöffeln Milch zum Kochen bringen. Die Schwarzwurzeln hineingeben und 15 bis 20 Minuten im halbgeschlossenen Topf garen. Nach 15 Minuten eine Garprobe machen. Die Schwarzwurzeln abgießen.

Die Möhren waschen, putzen und ebenfalls in fingerlange Stücke schneiden. Dann in wenig Wasser mit je 1 Prise Salz und

Zucker 7 Minuten vorgaren. Das Gemüse herausheben und abtropfen lassen.

Die Zwiebel abziehen und in feine Würfel schneiden. Die Butter in einem Topf erhitzen und die Zwiebel darin goldgelb dünsten. 2 Eßlöffel Mehl darüberstäuben und anschwitzen. Mit Milch und Brühe aufgießen und dabei mit dem Schneebesen kräftig rühren. Die Béchamelsauce 10 Minuten köcheln lassen, mit Salz,

Pfeffer und Zitronensaft abschmecken.

Eine ofenfeste Form ausbuttern und die vorgegarten Gemüsestücke abwechselnd hineinlegen. Mit der Béchamelsauce überziehen. Den Käse dünn aufschneiden und das Gericht damit bedecken.

Das Gratin im vorgeheizten Backofen bei 225 °C auf der oberen Schiene überbacken, bis der Käse schmilzt und bräunt.

Das Möhren-Schwarzwurzelgratin paßt zum Beispiel zu Kasseler, zu Frikadellen und zu kurzgebratenem Fleisch.

Nährwerte pro Portion	
Kilokalorien	*240*
Kilojoule	*1010*
Eiweiß/g	*9*
Kohlenhydrate/g	*16*
Fett/g	*14*
Ballaststoffe/g	*7,4*

Schwarzwurzeln in Sahnesauce

einfach

4 Portionen

800 g Schwarzwurzeln
3 EL Mehl
5 EL Zitronensaft
Salz
1 EL Butter
¼ l Milch
125 g Schlagsahne
1 Messerspitze geriebene Muskatnuß
1 Prise Zucker

Die Schwarzwurzeln unter fließendem, kalten Wasser gründlich abbürsten, schälen und in ca. 5 cm lange Stücke schneiden. Dabei am besten Haushaltshandschuhe tragen, damit der Saft der Schwarzwurzeln die Hände nicht verfärbt.

1 Eßlöffel Mehl und 2 Eßlöffel Zitronensaft in eine Schüssel mit ½ l Wasser geben. Schwarzwurzeln gleich hineinlegen, dann bleiben sie weiß.

In einem Topf Salzwasser zum Kochen bringen, die Schwarzwurzeln und 2 Eßlöffel Zitronensaft hineingeben. Etwa 30 Minuten auf kleiner Flamme garen. Mit dem Schaumlöffel herausheben und gut abtropfen lassen. Die Gemüsebrühe nicht wegschütten.

Butter in einer Kasserolle schmelzen, Mehl einrühren und goldbraun anschwitzen. Mit ⅛ l der heißen Brühe unter Rühren aufgießen. Milch und Sahne zufügen und einige Minuten weiterkochen, dabei immer wieder umrühren. Die Sauce mit Muskat, dem restlichen Zitronensaft und Zucker abschmecken. Schwarzwurzeln in die Sauce geben.

Nährwerte pro Portion	
Kilokalorien	*270*
Kilojoule	*1140*
Eiweiß/g	*5*
Kohlenhydrate/g	*25*
Fett/g	*16*
Ballaststoffe/g	*5,8*

Schwarzwurzeln in Mandelbutter

einfach

4 Portionen

1 kg Schwarzwurzeln
1 EL Mehl
1 EL Weinessig
Salz
⅛ l Milch
2 EL Butter
50 g Mandelblätter

Die Schwarzwurzeln gründlich waschen. Dabei am besten Gummihandschuhe anziehen, denn der Saft hinterläßt auf der Haut braune Flecken. Mehl und Essig mit 1 l kaltem Wasser verrühren. Die Schwarzwurzeln schälen und sofort in das Essigwasser legen, damit sie nicht dunkel anlaufen.

2 l Wasser mit 1 Prise Salz und der Milch aufkochen. Die Wurzeln in fingerlange Stücke schneiden, in das kochende Wasser geben und 15 bis 20 Minuten bei halbgeschlossenem Deckel garen. Die Schwarzwurzeln sollten noch etwas Biß haben, sonst schmecken sie leicht mehlig.

Butter in einer Pfanne schmelzen und die Mandelblätter darin goldbraun rösten.

Schwarzwurzeln in ein Sieb abgießen, kurz unter heißem Wasser schwenken und gut abtropfen lassen. Auf einer vorgewärmten Platte anrichten und die heiße Mandelbutter darübergeben.

Nährwerte pro Portion	
Kilokalorien	*220*
Kilojoule	*940*
Eiweiß/g	*4*
Kohlenhydrate/g	*19*
Fett/g	*14*
Ballaststoffe/g	*8,8*

Wurzelgemüse in Petersilienbutter

einfach, zum Einfrieren

2 Portionen

200 g Möhren
200 g dicke Petersilienwurzeln
30 g Butter
1 TL flüssiger Honig
100 ml Kalbsfond
Salz
frisch gemahlener schwarzer Pfeffer
1 Bund glatte Petersilie

Möhren und Petersilienwurzeln putzen, schälen, waschen und in Scheiben schneiden.

Die Butter in einem Topf aufschäumen, Honig und dann das Wurzelgemüse einrühren und anschwitzen. Mit dem Kalbsfond ablöschen, zugedeckt 8 bis 10 Minuten dünsten. Mit Salz und Pfeffer abschmekken, Petersilie hacken und untermischen.

Die Flüssigkeit offen noch etwas einkochen lassen.

Nährwerte pro Portion	
Kilokalorien	*180*
Kilojoule	*730*
Eiweiß/g	*4*
Kohlenhydrate/g	*8*
Fett/g	*14*
Ballaststoffe/g	*4,1*

Ausgebackener Lauch

Als Vorspeise mit Stangenweißbrot oder als Beilage zu Kalb- und Rindfleisch reichen

einfach

4 Portionen

1 kg Lauch
Salz
2 Bund glatte Petersilie
2 Eier
4 EL Mehl
100 g Semmelbrösel
4 EL Öl
Thymian
2 Lorbeerblätter
frisch gemahlener Pfeffer
Weinessig

Die Lauchstangen putzen, waschen und in fingerlange Stücke schneiden.

8 Minuten in Salzwasser kochen, herausheben und auf einem Sieb gut abtropfen lassen.

Die Petersilie waschen und fein hacken.

Die Eier mit 1 Prise Salz verquirlen. Die Lauchstücke in Mehl, Ei und abschließend in Semmelbröseln wenden.

Öl in einer Pfanne sehr heiß werden lassen, die panierten Lauchstücke zusammen mit der Petersilie, 2 Prisen Thymian und den Lorbeerblättern darin ausbacken, bis sie knusprig braun sind.

Auf einer vorgewärmten Platte anrichten, etwas frisch gemahlenen Pfeffer und einige Spritzer Weinessig darübergeben.

Nährwerte pro Portion	
Kilokalorien	*340*
Kilojoule	*1420*
Eiweiß/g	*11*
Kohlenhydrate/g	*33*
Fett/g	*16*
Ballaststoffe/g	*6,8*

Kohlrabi-Lauchgemüse

einfach

4 Portionen

2 Kohlrabis
2 Stangen Lauch
Salz
2 EL Butter
200 g Crème fraîche
1 Prise Zucker
weißer Pfeffer
1 Bund glatte Petersilie

Kohlrabis putzen und schälen, die zarten Herzblättchen aufheben. Kohlrabis halbieren und in sehr dünne Scheiben schneiden.

Lauch putzen und gründlich waschen, in ca. 1 cm dicke Ringe schneiden.

Das Gemüse in kochendem Salzwasser 3 Minuten blanchieren, abgießen und gut abtropfen lassen.

In einem mittelgroßen Topf die Butter zerlassen und die Crème fraîche unterrühren. Mit Salz und Zucker würzen. Gemüse zugeben und bei schwacher Hitze im geschlossenen Topf 10 Minuten dünsten. Anschließend mit weißem Pfeffer abschmecken.

Petersilie waschen und zusammen mit den Kohlrabiblättchen sehr fein hacken.

Kurz vor dem Servieren unter das Gemüse mischen.

Eine ideale Beilage zu allen Fleischgerichten.

Nährwerte pro Portion	
Kilokalorien	*310*
Kilojoule	*1310*
Eiweiß/g	*4*
Kohlenhydrate/g	*8*
Fett/g	*29*
Ballaststoffe/g	*3*

Gedünsteter Lauch in Sahne

einfach

4 Portionen

1 kg Lauch
2 EL Butter
⅛ l Brühe
Salz
Zucker
weißer Pfeffer
1 Messerspitze geriebene Muskatnuß
4 EL Milch
1 EL Speisestärke
2 EL Crème fraîche

Die Wurzeln vom Lauch abschneiden, die harten äußeren Blätter und die dunkelgrünen Blattenden entfernen. Lauchstangen der Länge nach halbieren und unter fließendem, kalten Wasser gründlich abspülen, bis kein Sand mehr zwischen den Blättern ist. In etwa 4 cm lange Stücke schneiden.

Butter in einem Topf erhitzen, Lauch darin kurz anbraten und mit der Brühe aufgießen. Mit Salz, Zucker, Pfeffer und Muskatnuß würzen und im geschlossenen Topf 15 Minuten gar dünsten.

Den Lauch mit einem Schaumlöffel aus der Brühe nehmen, in eine Schüssel geben und warm stellen.

Milch und Speisestärke in einem Becher verquirlen, unter die Garflüssigkeit rühren und aufkochen, noch einmal kurz erhitzen und über den Lauch gießen.

Nährwerte pro Portion	
Kilokalorien	*160*
Kilojoule	*660*
Eiweiß/g	*4*
Kohlenhydrate/g	*9*
Fett/g	*11*
Ballaststoffe/g	*5,1*

Im Ofen gebackener Lauch

einfach

4 Portionen

4 Stangen Lauch
Salz
2 EL Butter
frisch gemahlener Pfeffer
1 Messerspitze geriebene Muskatnuß

Den Lauch putzen, dabei die oberen grünen Blatteile entfernen. Den Lauch gründlich waschen und in ca. 8 cm lange Stücke schneiden.

Salzwasser zum Kochen bringen. Die Lauchstücke 3 Minuten darin blanchieren. Herausheben und kurz in Eiswasser legen.

Eine feuerfeste Form mit reichlich Butter ausfetten. Die restliche Butter auf ein Pergament- oder Backpapier streichen, das größer als die Form sein muß.

Die Lauchstücke tropfnaß in die Form legen, mit Salz, Pfeffer und Muskatnuß würzen. Mit dem gebutterten Papier abdecken.

Im vorgeheizten Backofen bei 170 °C auf der mittleren Schiene ca. 40 Minuten garen.

Nährwerte pro Portion	
Kilokalorien	*90*
Kilojoule	*370*
Eiweiß/g	*3*
Kohlenhydrate/g	*4*
Fett/g	*7*
Ballaststoffe/g	*4*

Kohlrabi in saurer Sahne

einfach

4 Portionen

4 große Kohlrabis
1 Bund Frühlingszwiebeln
1 EL Butter
200 g saure Sahne
1 Zitrone
Salz
1 TL Zucker
weißer Pfeffer
1 Messerspitze geriebene Muskatnuß

Die zarten Herzblättchen von den Kohlrabis abschneiden und aufheben. Kohlrabis schälen und den Wurzelansatz entfernen. Die Knollen vierteln und in sehr dünne Scheiben schneiden oder hobeln.

Frühlingszwiebeln putzen, waschen und bis auf die oberen grünen Blätter in feine Ringe schneiden.

Die Butter in einer großen Pfanne schmelzen und die Kohlrabischeiben darin ca. 5 Minuten dünsten. Dann die Frühlingszwiebeln dazugeben, kurz mitdünsten und die Sahne angießen.

Zitrone auspressen.

Das Kohlrabigemüse mit Salz, Zucker, Pfeffer, Muskatnuß und Zitronensaft abschmecken und bei schwacher Hitze noch einige Minuten köcheln lassen.

Nährwerte pro Portion	
Kilokalorien	*180*
Kilojoule	*760*
Eiweiß/g	*5*
Kohlenhydrate/g	*13*
Fett/g	*11*
Ballaststoffe/g	*2,4*

Gebratene Sellerie-scheiben

einfach

2 Portionen

- 2 junge Sellerieknollen
- 30 g Butter
- Salz
- frisch gemahlener Pfeffer

Die Sellerieknollen waschen, schälen und halbieren. Die Knollen in dünne Scheiben schneiden oder hobeln.

In einer großen Pfanne die Butter schmelzen und die Selleriescheiben darin goldgelb ausbraten. Mit Salz und Pfeffer würzen.

Gebratene Selleriescheiben anstelle von Bratkartoffeln als Beilage servieren.

Nährwerte pro Portion	
Kilokalorien	*60*
Kilojoule	*260*
Eiweiß/g	*4*
Kohlenhydrate/g	*7*
Fett/g	*2*
Ballaststoffe/g	*9,3*

Sellerie in Zwiebel-Béchamelsauce

einfach

4 Portionen

1 große Sellerieknolle, 600 g
Salz
2 mittelgroße Zwiebeln
60 g Butter
½ Suppenwürfel
20 g Mehl
¼ l Milch
2 Eigelb
Pfeffer
Öl für die Form
50 g geriebener Emmentaler
1 Bund Petersilie

Den Sellerie unter fließendem Wasser gut abbürsten, in Salzwasser 25–30 Minuten kochen, noch warm schälen und abkühlen lassen. Anschließend in etwa ½ cm dicke Scheiben schneiden.

Die Zwiebeln abziehen und in Ringe schneiden.

40 g Butter schmelzen, den halben Suppenwürfel zerbröckeln und einrühren.

Die Zwiebelringe darin hell andünsten.

20 g Butter aufschäumen lassen, das Mehl darin anschwitzen und unter Rühren die Milch zugießen, die Sauce 15 Minuten köcheln, dann etwas abkühlen lassen und das Eigelb einzeln unterziehen.

Nach Geschmack salzen und pfeffern.

In eine geölte feuerfeste Form die Selleriescheiben und die Zwiebelringe schichten und mit der Sauce übergießen.

Die Petersilie waschen, hacken und darüberstreuen. Mit dem geriebenen Käse bestreuen.

Im vorgeheizten Backofen bei 180 °C in ca. 30 Minuten goldbraun backen.

Nährwerte pro Portion	
Kilokalorien	*330*
Kilojoule	*1400*
Eiweiß/g	*11*
Kohlenhydrate/g	*16*
Fett/g	*25*
Ballaststoffe/g	*7*

Gedünsteter Fenchel

Eine ideale Beilage zu Lamm- oder Fischgerichten

einfach

4 Portionen

4 große Fenchelknollen
Salz
1 Prise Zucker
1 EL Olivenöl
Saft von 1 Zitrone
weißer Pfeffer
50 g Butter
1 Bund glatte Petersilie
100 ml trockener Weißwein

Die Fenchelknollen waschen, Stengel, Blätter und Wurzelteil abschneiden.

Wasser mit 1 Eßlöffel Salz und Zucker zum Kochen bringen und die Knollen darin ca. 30 Minuten garen. Herausheben, auf einem Sieb gut abtropfen lassen.

Eine Auflaufform mit Olivenöl ausstreichen. Die Fenchelknollen halbieren und in die Form legen. Mit Zitronensaft beträufeln, mit Pfeffer und Salz würzen und die Butterflöckchen darauf geben.

Petersilie waschen und fein hacken. Über den Fenchel streuen und den Weißwein angießen.

Die Auflaufform verschließen. Im vorgeheizten Backofen auf der mittleren Schiene bei 200 °C gut 10 Minuten dünsten.

Nährwerte pro Portion	
Kilokalorien	*200*
Kilojoule	*850*
Eiweiß/g	*5*
Kohlenhydrate/g	*9*
Fett/g	*14*
Ballaststoffe/g	*5,9*

Panierte Fenchelscheiben

einfach

4 Portionen

500 g Fenchel
Salz
1 Ei
weißer Pfeffer
1 Messerspitze geriebene Muskatnuß
5 EL Semmelbrösel
4 EL Öl zum Braten

Die Fenchelknollen putzen. Welke Blattschichten, Blätter und Stielansätze wegschneiden. Waschen und vom Stiel zur Wurzel hin in 1 cm dicke Scheiben schneiden. In Salzwasser 10–12 Minuten kochen.

Die Fenchelscheiben mit der Schaumkelle herausheben, gut abtropfen und auskühlen lassen.

Das Ei mit 1 Prise Salz, Pfeffer und Muskatnuß verquirlen. In einen Suppenteller gießen. Semmelbrösel in einen zweiten Teller geben. Die Fenchelscheiben zuerst im Ei, dann in den Semmelbröseln wenden und die Panade andrücken.

Das Öl in einer großen Pfanne erhitzen und den panierten Fenchel darin auf beiden Seiten goldbraun anbraten. Herausheben und kurz auf Küchenpapier legen, damit das überschüssige Fett aufgesogen wird. Dann sofort servieren.

Nährwerte pro Portion

Kilokalorien	*200*
Kilojoule	*830*
Eiweiß/g	*6*
Kohlenhydrate/g	*16*
Fett/g	*12*
Ballaststoffe/g	*4*

Griechisches Fenchelgemüse

einfach

4 Portionen

- 750 g Fenchel
- 250 g reife Tomaten
- 2 EL kaltgepreßtes Olivenöl
- Saft von 1 Zitrone
- ½ TL gerebelter Majoran
- 1 TL gestoßener Koriander
- Salz
- Pfeffer
- 1 EL Tomatenmark
- ½ Glas Weißwein
- 1 Bund glatte Petersilie

Die Fenchelknollen waschen, putzen und der Länge nach vierteln.

Tomaten kurz mit kochendem Wasser überbrühen, häuten und fein würfeln.

Das Olivenöl in einem Schmortopf sehr heiß werden lassen und den Fenchel darin von allen Seiten braun anbraten.

Zitronensaft über den Fenchel gießen, mit Majoran, Koriander, Salz und Pfeffer würzen. Tomaten und Tomatenmark dazugeben und einige Minuten mitschmoren. Dann das Gemüse zugedeckt bei schwacher Hitze ca. 20 Minuten garen, bis der Fenchel weich ist. Nach der Hälfte der Garzeit den Wein angießen und das Gemüse umrühren.

Petersilie waschen, mit Küchenpapier trockentupfen und fein hacken. Vor dem Servieren über den Fenchel streuen.

Nährwerte pro Portion

Kilokalorien	*120*
Kilojoule	*510*
Eiweiß/g	*5*
Kohlenhydrate/g	*9*
Fett/g	*7*
Ballaststoffe/g	*6,7*

Gebratener Fenchel in Petersilienbutter

einfach

4 Portionen

2 große Fenchelknollen
200 ml Weißwein
⅛ l Brühe
Salz
weißer Pfeffer
1 Messerspitze geriebene Muskatnuß
4 EL Olivenöl
½ Bund glatte Petersilie
1 EL Semmelbrösel
80 g Butter

Die Fenchelknollen waschen und putzen. Dabei die welken Blattschichten, Blätter und das Wurzelende abschneiden. Knollen in gleichmäßige, etwa 1,5 cm dicke Scheiben schneiden.

Weißwein und Brühe aufkochen, mit Salz, Pfeffer und Muskatnuß würzen. In der kochenden Brühe die Fenchelscheiben in 15 Minuten gar kochen. Mit einer Schaumkelle herausheben und gut abtropfen lassen.

In einer großen Pfanne das Öl erhitzen. Die Fenchelscheiben darin von beiden Seiten goldbraun anbraten. Auf Küchenpapier kurz abtropfen lassen und warm stellen.

Petersilie waschen, trokkentupfen und fein hacken.

Butter in einer Pfanne zerlassen, Semmelbrösel und Petersilie darin kurz anbraten. Über die Fenchelscheiben geben und sofort servieren.

Nährwerte pro Portion	
Kilokalorien	*300*
Kilojoule	*1280*
Eiweiß/g	*3*
Kohlenhydrate/g	*6*
Fett/g	*29*
Ballaststoffe/g	*3*

Überbackener Fenchel

Mit Kartoffelpüree zu gebratenem Fleisch servieren

einfach

4 Portionen

4 große Fenchelknollen
2 TL Salz
1 Messerspitze Zucker
Butter für die Auflaufform
200 g gekochter Schinken
Salz
Pfeffer
125 g geriebener Emmentaler
75 g Semmelbrösel
40 g Butter

Die Fenchelknollen waschen, Stengel, Blätter und Wurzelteil abschneiden.

Wasser mit Salz und Zucker zum Kochen bringen und die Knollen darin ca. 30 Minuten garen. Herausheben, auf einem Sieb gut abtropfen lassen und danach in dicke Scheiben schneiden.

Eine feuerfeste Form ausbuttern. Den gekochten Schinken würfeln. Fenchelscheiben in die Form legen, salzen und pfeffern. Schinkenwürfel, Emmentaler und Semmelbrösel darübergeben, Butterflöckchen darauf setzen.

Im vorgeheizten Backofen bei 200 °C auf der oberen Schiene ca. 10 Minuten gratinieren, bis der Käse geschmolzen ist.

Nährwerte pro Portion	
Kilokalorien	*440*
Kilojoule	*1850*
Eiweiß/g	*26*
Kohlenhydrate/g	*22*
Fett/g	*25*
Ballaststoffe/g	*6,2*

Topinamburgratin

braucht Zeit

4 Portionen

- 750 g Topinambur
- 2 EL Butter
- 2 EL Mehl
- ¼ l Fleischbrühe
- 200 g Schlagsahne
- Salz
- Pfeffer
- 1 Messerspitze geriebene Muskatnuß
- 100 g geriebener Käse
- Butter für die Form

Die Topinamburs gründlich waschen und halbgar kochen. Die Knollen abgießen, kurz mit kaltem Wasser abschrecken, schälen und in nicht zu dünne Scheiben schneiden.

In einer Stielkasserolle die Butter schmelzen, das Mehl einrühren und kurz anschwitzen. Unter ständigem Rühren mit dem Schneebesen die Fleischbrühe und die Sahne angießen. Bei schwacher Hitze einige Minuten köcheln lassen. Mit Salz, Pfeffer und Muskat abschmecken. Zum Schluß den Käse unterrühren.

Eine feuerfeste Form ausbuttern und die Topinamburscheiben hineinschichten, salzen und pfeffern. Mit der Käsesauce überziehen und im vorgeheizten Backofen auf der mittleren Schiene bei 220 °C ca. 20 Minuten gratinieren.

Nährwerte pro Portion	
Kilokalorien	*400*
Kilojoule	*1400*
Eiweiß/g	*13*
Kohlenhydrate/g	*14*
Fett/g	*32*
Ballaststoffe/g	*2,5*

Gebackene Zwiebeln

einfach

3 Portionen

6 mittelgroße Gemüse-	
zwiebeln	
3 Vollkornbrötchen	
Butter	
Salz	
3 kleine feste Tomaten	
1 Bund Schnittlauch	
frisch gemahlener schwarzer	
Pfeffer	

Die Wurzelenden der Zwiebeln abschneiden, die Zwiebeln eng nebeneinander in eine Gratinform setzen.

½ l Wasser angießen, die Zwiebeln bei 200 °C im Ofen etwa 1 Stunde backen.

Die Brötchen halbieren und buttern, mit etwas Salz bestreuen. Tomaten in Scheiben schneiden und darauf legen. Das Zwiebelfleisch aus den Schalen lösen, über die Tomaten geben. Salz, Schnittlauchröllchen und Pfeffer darüberstreuen.

Das Zwiebelfleisch schmeckt als Beilage zu Gegrilltem oder als würziger Belag auf Vollkornbrötchen wie in diesem Rezept.

Nährwerte pro Portion	
Kilokalorien	*180*
Kilojoule	*700*
Eiweiß/g	*7*
Kohlenhydrate/g	*35*
Fett/g	*1*
Ballaststoffe/g	*12*

Glasierte Zwiebeln

einfach

4 Portionen

1 kg kleine Zwiebeln, z. B.	
Grillzwiebeln oder	
Schalotten	
Salz	
75 g Butter	
75 g Zucker	
¼ l Weißwein	
3 Gewürznelken	
frisch gemahlener Pfeffer	

Die Zwiebeln abziehen und je nach Größe 4–6 Minuten in kochendem Salzwasser blanchieren. Herausheben und gut abtropfen lassen.

Butter in einer Kasserolle erhitzen. Den Zucker unterrühren, bis er Fäden zieht.

Die Zwiebeln hineingeben, mehrmals wenden und leicht goldbraun werden lassen.

Mit Weißwein ablöschen. Gewürznelken zufügen und mit Salz und Pfeffer würzen. So viel Wasser zugießen, daß die Zwiebeln zur Hälfte bedeckt sind. Zugedeckt bei schwacher Hitze ca. 30 Minuten garen, bis die Zwiebeln weich sind.

Eine ideale Beilage zu Braten.

Tip:
Statt Weißwein kann man auch einen aromatischen Wermut oder einen kräftigen Rotwein angießen.

Nährwerte pro Portion	
Kilokalorien	*290*
Kilojoule	*1220*
Eiweiß/g	*3*
Kohlenhydrate/g	*32*
Fett/g	*16*
Ballaststoffe/g	*6,9*

Tiroler Zwiebelgemüse

einfach, Blitzrezept
6 Portionen

2 Bund Frühlingszwiebeln
2 Lauchstangen
2 kleine rote Zwiebeln
2 kleine weiße Zwiebeln
20 Perlzwiebeln
1 große mehlig-kochende Kartoffel
75 g durchwachsener Räucherspeck
2 EL Öl
1–2 Knoblauchzehen
¼ l dunkles Bier
½ l milde Gemüsebrühe
1 TL frische Majoran- oder Thymianblättchen
Cayennepfeffer
Salz
frisch gemahlener schwarzer Pfeffer
1 Bund Petersilie

Frühlingszwiebeln und Lauchstangen putzen und waschen. Die Frühlingszwiebeln halbieren, die Lauchstangen in dicke Scheiben schneiden.

Alle anderen Zwiebeln schälen, rote und weiße Zwiebeln vierteln, die Perlzwiebeln ganz lassen.

Die Kartoffel schälen und ebenso wie den Speck fein würfeln.

Das Öl in einem breiten Schmortopf erhitzen, den Speck darin knusprig ausbraten. Knoblauch schälen und dazupressen, die Kartoffelwürfel einrühren. Alle Zwiebeln außer den Frühlingszwiebeln und dem Lauch zugeben, kurz andünsten, dann mit dem Bier ablöschen.

Frühlingszwiebeln und Lauch zugeben, die Brühe angießen, mit Majoran oder Thymian und etwas Cayennepfeffer würzen. Zugedeckt bei mittlerer Hitze 10 Minuten garen.

Mit Salz und Pfeffer abschmecken, offen noch 5 Minuten kochen lassen. Mit gehackter Petersilie bestreut servieren.

Nährwerte pro Portion	
Kilokalorien	*190*
Kilojoule	*800*
Eiweiß/g	*6*
Kohlenhydrate/g	*11*
Fett/g	*12*
Ballaststoffe/g	*4*

Meerrettichgemüse

einfach, Blitzrezept

4 Portionen

50 g Butter
80 g Semmelbrösel
¼ l Fleischbrühe
200 g Schlagsahne
Salz
frisch gemahlener weißer Pfeffer
1 kleine Stange Meerrettich
2 Eigelb
Weißwein zum Abschmecken

Die Butter in einem Topf zerlassen, Semmelbrösel hineingeben und unter Rühren goldbraun anrösten.

Fleischbrühe und Sahne angießen. So lange köcheln lassen, bis die Sauce cremig dick ist, dabei ständig mit dem Schneebesen umrühren. Mit Salz und Pfeffer würzen und warm halten, aber nicht mehr kochen lassen.

Meerrettich waschen, gründlich schaben und sehr fein reiben. Sofort in die Sauce geben und vom Herd nehmen.

Eigelb verquirlen und unter das Meerrettichgemüse rühren. Mit etwas Weißwein, Salz und Pfeffer abschmecken und sofort servieren.

Paßt sehr gut zu gekochtem Rind-, Kalb- oder Schweinefleisch.

Nährwerte pro Portion	
Kilokalorien	*380*
Kilojoule	*1590*
Eiweiß/g	*6*
Kohlenhydrate/g	*19*
Fett/g	*30*
Ballaststoffe/g	*2,3*

Glasierte Möhren

einfach

4 Portionen

500 g Möhren
¼ l Brühe
50 g Butter
50 g Zucker
1 Prise Salz

Die Möhren schälen, unter fließendem Wasser waschen. Größere Möhren halbieren.

Die Brühe in einem Topf zum Kochen bringen. Möhren darin 10 Minuten köcheln lassen.

Die halbgaren Möhren herausheben und in einem Sieb gut abtropfen lassen. Etwas Kochflüssigkeit aufheben.

Die Butter in einer tiefen Pfanne erhitzen, Zucker einrühren und goldgelb bräunen. 2 bis 3 Eßlöffel der Kochflüssigkeit mit dem Schneebesen unterziehen.

Die Möhren hineingeben, salzen und ca. 10 Minuten darin glasieren. Dabei die Pfanne immer wieder schütteln, damit sich die Glasur rund um die Möhren verteilt.

Nährwerte pro Portion	
Kilokalorien	*170*
Kilojoule	*730*
Eiweiß/g	*1*
Kohlenhydrate/g	*18*
Fett/g	*11*
Ballaststoffe/g	*3,5*

Junge Möhren in Sahne

einfach

4 Portionen

500 g junge Möhren
1 EL Butter
1 Prise Salz
weißer Pfeffer
2 EL gehackte Petersilie
1 EL Schnittlauch
1 Messerspitze Kerbel
1 Messerspitze Estragon
100 g Schlagsahne
3 Eigelb

Die Möhren unter fließendem Wasser gründlich abbürsten. In etwa 2,5 cm große Stücke schneiden und nach Belieben rund tournieren.

Butter in einer Kasserolle schmelzen, Möhren und 4 Eßlöffel Wasser hinzugeben und mit Salz und Pfeffer würzen.

Petersilie und Schnittlauch waschen und fein hacken. 2 Eßlöffel Petersilie und 1 Eßlöffel Schnittlauch sowie je 1 Messerspitze getrockneten Kerbel und Estragon zu den Möhren geben. Im offenen Topf bei schwacher Hitze 10 Minuten dünsten.

Sahne angießen, vorsichtig unterrühren und das Gemüse auf kleiner Flamme gar dünsten.

Topf vom Herd nehmen.

Das Eigelb mit 2 Eßlöffeln der heißen Garflüssigkeit verquirlen und unter das Gemüse rühren. Noch einmal kurz erhitzen, aber nicht mehr aufkochen lassen.

Nährwerte pro Portion	
Kilokalorien	*200*
Kilojoule	*840*
Eiweiß/g	*5*
Kohlenhydrate/g	*8*
Fett/g	*16*
Ballaststoffe/g	*4*

Currymöhren mit Mandeln

einfach

4 Portionen

500 g Möhren
40 g Butter
100 g abgezogene Mandelkerne
40 g Zucker
200 ml heiße Fleischbrühe
2 TL Currypulver
Salz
frisch gemahlener Pfeffer

Die Möhren schälen, unter fließendem Wasser abspülen, abtropfen lassen und in ca. 1 cm breite Scheiben schneiden.

Die Butter in einem Topf zerlassen. Die Möhren und die Mandeln hineingeben und mit Zucker bestreuen. Unter Rühren bei mittlerer Hitze so lange braten, bis sich der Zucker aufgelöst hat.

Fleischbrühe angießen und mit Curry, Salz und Pfeffer kräftig würzen. Zugedeckt 15 Minuten dünsten, dabei gelegentlich umrühren.

Den Topfdeckel abnehmen und das Gemüse noch so lange weiterdünsten, bis die Flüssigkeit verdampft ist.

Nährwerte pro Portion	
Kilokalorien	*300*
Kilojoule	*1250*
Eiweiß/g	*6*
Kohlenhydrate/g	*17*
Fett/g	*22*
Ballaststoffe/g	*7*

Möhrengemüse in Butter

einfach

4 Portionen

500 g Möhren
2 kleine Zwiebeln
2 EL Butter
⅛ l Fleischbrühe
1 Prise Salz
1 Prise Zucker
weißer Pfeffer
½ Bund glatte Petersilie

Die Möhren waschen und schälen. (Bei jungen Möhren genügt es, sie gründlich unter fließendem Wasser zu bürsten. Sie müssen anschließend nicht mehr geschält werden.) In etwa 4 cm lange Stücke schneiden.

Zwiebeln abziehen und fein hacken.

In einer Kasserolle die Butter erhitzen, Zwiebeln darin glasig dünsten. Die Möhren und die Fleischbrühe zugeben. Bei geschlossenem Deckel weitere 15 Minuten dünsten. Dann mit Salz, Zucker und frisch gemahlenem Pfeffer abschmecken. Einige Minuten im offenen Topf weiterköcheln, bis die Flüssigkeit verdampft ist.

Petersilie waschen, trockentupfen und fein hacken.

Möhrengemüse in eine Schüssel geben und mit der Petersilie bestreuen.

Nährwerte pro Portion	
Kilokalorien	*110*
Kilojoule	*440*
Eiweiß/g	*2*
Kohlenhydrate/g	*9*
Fett/g	*7*
Ballaststoffe/g	*4,4*

Teltower Rübchen

einfach

4 Portionen

750 g Teltower Rübchen
2 EL Butter
1 EL Zucker
1 EL Zitronensaft
⅛ l Brühe
1 Prise Salz
frisch gemahlener weißer Pfeffer
1 TL Speisestärke
100 g Schlagsahne
1 Bund glatte Petersilie

Die Rübchen waschen und schälen, erst in Scheiben, dann in Stifte schneiden.

Butter in einem Topf schmelzen, den Zucker einrühren und karamelisieren lassen.

Rübchen dazugeben und einige Minuten anbraten. Zitronensaft einrühren.

Die Brühe zugießen, mit Salz und Pfeffer würzen. Bei kleiner Hitze im geschlossenen Topf etwa 30 Minuten dünsten.

Speisestärke mit Sahne in einem Becher verquirlen und unter das Gemüse rühren. Noch einmal aufkochen, bis der Gemüsefond sämig ist.

Petersilie waschen, trockentupfen und fein hacken. Vor dem Servieren über das Gemüse geben.

Das Gemüse paßt zum Beispiel zu gebratenem Schweinefilet. Weitere Beilage: in Butter geschwenkte grüne Bandnudeln.

Nährwerte pro Portion	
Kilokalorien	*210*
Kilojoule	*880*
Eiweiß/g	*3*
Kohlenhydrate/g	*15*
Fett/g	*15*
Ballaststoffe/g	*6,3*

Möhren in Marsala

einfach

4 Portionen

500 g Möhren
60 g Butter
200 ml Marsala
Salz
Pfeffer

Die Möhren schälen, waschen und mit Küchenpapier trockentupfen. In feine Streifen schneiden.

Die Butter in einer Pfanne zerlassen, Möhren hineingeben, einige Minuten anbraten. Mit dem Marsala ablöschen, salzen und bei schwacher Hitze in der geschlossenen Pfanne dünsten, bis das Gemüse weich ist. Kurz vor dem Servieren mit etwas frisch gemahlenem Pfeffer würzen.

Nährwerte pro Portion	
Kilokalorien	*160*
Kilojoule	*670*
Eiweiß/g	*1*
Kohlenhydrate/g	*6*
Fett/g	*13*
Ballaststoffe/g	*3,5*

Ofentürli

4 Portionen

1 kg mehligkochende Kartoffeln	
Salz	
100 g Mehl	
250 g Butter	

Die Kartoffeln waschen und in Salzwasser als Pellkartoffeln kochen. Nach 25 Minuten eine Garprobe machen. Fertige Kartoffeln abgießen, schälen und noch warm durch eine Kartoffelpresse drücken.

Den Kartoffelschnee mit Mehl und 150 g Butter verkneten, mit Salz abschmecken.

Ein Backblech mit etwas Butter einfetten und den Kartoffelteig darauf ausstreichen. Mit der Gabel ein Muster in die Oberfläche ziehen. Die restliche Butter in kleinen Flöckchen dicht auf den Kartoffelteig setzen.

Ofentürli im vorgeheizten Backofen bei 200 °C auf der oberen Schiene etwa 20 Minuten backen.

Ofentürli noch heiß direkt vom Blech zu Milchkaffee servieren. Nach Belieben das frische Gebäck mit Zimtzucker bestreuen.

Nährwerte pro Portion	
Kilokalorien	*780*
Kilojoule	*3270*
Eiweiß/g	*8*
Kohlenhydrate/g	*61*
Fett/g	*52*
Ballaststoffe/g	*6,3*

Zwetschgenknödel

Kartoffeln am Vortag kochen
einfach, braucht Zeit
4 Portionen

1 kg mehlige Kartoffeln
Salz
200 g Mehl
150 g Semmelbrösel
2 Eier
12 Zwetschgen
12 Stück Würfelzucker
2 cl Rum
3 EL Butter
1 EL Zimt
Puderzucker zum Bestäuben

Die Kartoffeln am Vortag schälen, waschen und vierteln. In schwach gesalzenem Wasser ca. 25 Minuten gar kochen.

Abschütten, abkühlen lassen und durch eine Kartoffelpresse drücken. Zugedeckt im Kühlschrank aufbewahren.

Den Kartoffelschnee mit Mehl, 1 Teelöffel Salz und 50 g Semmelbröseln mit einer Gabel vermischen.

Eier trennen. Das Eiweiß steif schlagen.

Zuerst das Eigelb, später den Eischnee mit den Händen schnell in den Teig einarbeiten. Den Teig zu einer Rolle formen. 12 gleich große Scheiben abschneiden und mit dem Handrücken zu Quadraten flach drücken.

Die Zwetschgen waschen, trockentupfen, längs einschneiden und den Kern entfernen. An seiner Stelle jeweils 1 Stück Würfelzucker, das zuvor kurz in Rum getaucht wurde, hineindrücken.

Auf jedes Teigstück eine gefüllte Zwetschge legen. Mit bemehlten Händen zu Knödeln formen.

In einem großen Topf reichlich Salzwasser zum Kochen bringen. Zwetschgenknödel in das sprudelnde Wasser legen und bei mittlerer Hitze 15 bis 20 Minuten gar ziehen, aber nicht kochen lassen.

Die fertigen Knödel herausheben und kurz abtropfen lassen.

Butter in einer Pfanne zerlassen, die restlichen Semmelbrösel darin unter Rühren anrösten. Zimt dazugeben.

Knödel in den Zimtbröseln wenden, mit Puderzucker bestäuben und sofort servieren.

Tip:
Weniger Feuchtigkeit in den Kartoffeln und einen intensiveren Geschmack erzielt man, wenn man die Kartoffeln für den Teig in der Schale bäckt, statt sie am Vortag zu kochen. Dazu den Backofen auf 220 °C vorheizen. Kartoffeln waschen und auf dem Blech auf der mittleren Schiene ca. 50 Minuten backen.

Herausnehmen, etwas abkühlen lassen. Die Kartoffeln halbieren, mit einem Löffel auskratzen und noch warm durch die Kartoffelpresse drücken. Dann, wie oben beschrieben, den Teig herstellen.

Nährwerte pro Portion	
Kilokalorien	*750*
Kilojoule	*3140*
Eiweiß/g	*19*
Kohlenhydrate/g	*125*
Fett/g	*14*
Ballaststoffe/g	*9*

Sächsische Quarkkeulchen

Kartoffeln am Vortag kochen. Rosinen einige Stunden vorher in Rum einweichen

einfach, braucht Zeit, zum Einfrieren

4 Portionen

750 g Kartoffeln
Salz
50 g Rosinen
3 EL brauner Rum
1 unbehandelte Zitrone
125 g Mehl
250 g Magerquark
2 Eier
Mehl für die Arbeitsfläche
Butterschmalz zum Ausbacken
40 g Zucker
½ TL Zimt

Am Vortag Kartoffeln waschen, schälen, vierteln und in Salzwasser kochen. Abgießen, ausdampfen lassen und noch warm durch die Kartoffelpresse drücken. Im Kühlschrank aufbewahren.

Die Rosinen waschen, gut abtropfen lassen und in Rum einige Stunden einweichen. Kurz vor dem Verarbeiten in ein Sieb abgießen und gut abtropfen lassen.

Die Zitrone gründlich unter warmem Wasser abwaschen, die Schale abreiben und die Zitrone auspressen.

Aus Kartoffeln, Mehl, Quark, Eiern, Rosinen, Zitronenschale und -saft einen Teig kneten. Mit

bemehlten Händen daraus kleine flache Plätzchen formen.

Reichlich Butterschmalz in einer großen Pfanne stark erhitzen. Die Quarkkeulchen darin auf beiden Seiten goldbraun ausbacken. Herausheben, auf Küchenpapier abtropfen lassen und sofort mit der Mischung aus Zukker und Zimt bestreuen.

Dazu schmeckt Kompott.

Nährwerte pro Portion	
Kilokalorien	*600*
Kilojoule	*2500*
Eiweiß/g	*19*
Kohlenhydrate/g	*75*
Fett/g	*21*
Ballaststoffe/g	*5,9*

Süßer Kartoffelauflauf

Die Sauerkirschen einige Stunden vorher in Rum einlegen

einfach, braucht Zeit

6 Portionen

250 g TK-Sauerkirschen, entsteint
3 EL brauner Rum
250 g mehlige Kartoffeln
Salz
6 Eier
100 g Butter
90 g Zucker
Schale von 1 Zitrone
90 g geschälte, geriebene Mandeln
Butter für die Form

Die Sauerkirschen in dem Rum einweichen, auftauen und einige Stunden ziehen lassen.

Kartoffeln waschen, schälen, vierteln und in Salzwasser weich kochen. Abgießen, ausdampfen lassen und noch warm durch die Kartoffelpresse drücken.

Die Eier trennen. Die Butter schaumig schlagen, nach und nach das Eigelb und den Zucker unterrühren, bis die Masse fast weiß ist.

Die Zitrone unter heißem Wasser gut abbürsten und die Schale fein abreiben.

Aus den Kartoffeln, der Eimasse, den Mandeln und der Zitronenschale einen Teig rühren.

Das Eiweiß sehr steif schlagen und unter den Kartoffelteig heben.

Die Kirschen in ein Sieb gießen und kurz abtropfen lassen.

Eine runde Auflaufform von mindestens 24 cm Durchmesser ausbuttern, die Hälfte der Kartoffelmasse hineingeben, Kirschen darauf verteilen und mit dem restlichen Teig bedecken.

Im vorgeheizten Backofen auf der mittleren Schiene bei 175 °C gut 50 Minuten backen. Garprobe!

Zu diesem Auflauf paßt Vanillesauce.

Nährwerte pro Portion	
Kilokalorien	*450*
Kilojoule	*1870*
Eiweiß/g	*11*
Kohlenhydrate/g	*33*
Fett/g	*28*
Ballaststoffe/g	*3,4*

Kartoffeltorte

Kartoffeln schon am Vortag kochen

einfach, braucht Zeit, zum Einfrieren

12 Stück

- 500 g mehlige Kartoffeln
- 6 Eier
- 250 g Zucker
- 1 ungespritzte Zitrone
- 100 g geriebene Mandeln
- Butter und Semmelbrösel für die Form

Am Vortag die Kartoffeln schälen, waschen und vierteln. Ohne Salz kochen, abgießen und noch warm durch eine Kartoffelpresse drücken. Die Masse im Kühlschrank aufbewahren.

Die Eier trennen. Das Eigelb mit dem Zucker schaumig schlagen.

Die Zitrone unter heißem Wasser gut abwaschen, die Schale fein reiben und die Zitrone auspressen. Saft, Schale und die Mandeln zur Eimasse geben.

Das Eiweiß sehr steif schlagen.

Die Kartoffeln mit der Eimasse mischen, zuletzt den Eischnee vorsichtig unterziehen.

Eine Springform mit 26 cm Durchmesser fetten, mit Semmelbröseln ausstreuen und den Kuchenteig einfüllen.

Im vorgeheizten Backofen bei 175 °C ca. 1 Stunde auf der mittleren Schiene backen.

Nährwerte pro Portion	
Kilokalorien	*210*
Kilojoule	*890*
Eiweiß/g	*6*
Kohlenhydrate/g	*29*
Fett/g	*7*
Ballaststoffe/g	*2,1*

Schweizer Rüblitorte

braucht Zeit

12 Stück

Teig:
6 Eier
6 EL Wasser
10 cl Kirschwasser
200 g Zucker
250 g gemahlene Haselnüsse
1 Päckchen Backpulver
50 g Semmelbrösel
1 Messerspitze Zimt
1 ungespritzte Orange
250 g Möhren
Butter für die Form
Glasur:
250 g Puderzucker
Saft von einer Zitrone
Garnierung:
250 g Marzipanrohmasse
50 g geschälte Pistazienkerne
gelbe und rote Speisefarbe

Die Eier trennen und das Eigelb mit Wasser, 6 cl Kirschwasser und 100 g Zucker schaumig schlagen, bis es fast weiß ist. Dann nach und nach gemahlene Haselnüsse, Backpulver, Semmelbrösel und Zimt unterrühren.

Orangenschale fein abreiben, Orange auspressen. Schale und Saft der Masse zufügen.

Möhren waschen und putzen, sehr fein reiben und sofort unter den Teig mischen, damit die Möhren nicht trocken werden und an Aroma verlieren.

Das Eiweiß mit dem restlichen Zucker sehr steif schlagen und vorsichtig unter die Masse heben.

Eine Springform mit 24 cm Durchmesser ausfetten, den Teig hineingeben und glattstreichen.

Im vorgeheizten Backofen bei 180 °C auf der mittleren Schiene 45 Minuten backen. Herausnehmen und auf einem Kuchengitter ganz auskühlen lassen.

Für die Rübli das Marzipan mit je 1 Tropfen gelber und roter Speisefarbe verkneten. Eventuell noch einen kleinen Tropfen Farbe nachgeben. Um die Finger nicht zu verfärben, mit Kunststoffhandschuhen arbeiten.

Aus dem gefärbten Marzipan lange, fingerdicke Würste formen, in 4 cm lange Stücke teilen und zu Rübli drehen. In das dicke Ende 2 Pistazienhälften stecken, mit einem Messerrücken Rillen ziehen. Die restlichen Pistazien grob hacken.

Für die Glasur das restliche Kirschwasser mit dem Puderzucker und dem Saft einer Zitrone glattrühren. Die erkaltete Rüblitorte mit der Glasur überziehen. Einen Papierstreifen zu einem Ring mit 15 cm Durchmesser schließen und in die Mitte der Torte setzen. Den inneren Kreis mit den gehackten Pistazien ausstreuen.

Nährwerte pro Portion	
Kilokalorien	*500*
Kilojoule	*2080*
Eiweiß/g	*10*
Kohlenhydrate/g	*53*
Fett/g	*25*
Ballaststoffe/g	*3,7*

Kartoffelmaultaschen

4 Portionen

1 kg mehlige Kartoffeln
Salz
etwas geriebene Muskatnuß
150 g Mehl
4 Eigelb
Mehl zum Verarbeiten

Füllung:
750 g säuerliche Kochäpfel z. B. Boskop, Cox Orange oder Jonathan
100 g Rosinen
50 g Mandelblättchen
50 g Puderzucker
50 g Butter zum Bestreichen
2 EL Zucker-Zimt-Mischung

Geschälte Kartoffeln in Salzwasser kochen. Noch heiß durch eine Presse auf die bemehlte Arbeitsplatte drücken und erkalten lassen.

Den Kartoffelschnee mit etwas Salz, geriebener Muskatnuß und dem Mehl bestreuen und vermischen. Eigelb zugeben und den Kartoffelteig rasch durchkneten. Dabei nur so viel Mehl zugeben, daß der Teig nicht mehr klebt. Zur Kugel geformt unter einer umgestülpten Schüssel ruhen lassen.

Äpfel schälen, in schmale Spalten schneiden und entkernen. Die Spalten quer in dünne Scheibchen schneiden. Rosinen heiß brühen und abtropfen lassen. Mandelblättchen mit Puderzucker in einer trockenen Pfanne karamelisieren lassen.

Den Kartoffelteig auf der bemehlten Arbeitsfläche knapp 1 cm dick zu einem Rechteck ausrollen. Das Format sollte auf die Backform abgestimmt sein, damit 6 bis 8 Maultaschen längs oder quer nebeneinander liegen können. Mit dem bemehlten Teigrad gleichmäßige Maultaschen schneiden. Äpfel, Rosinen und karamelisierte Mandelblättchen der Länge nach in die Mitte jedes Teigstücks häufen, die Ränder darüber zusammenschlagen und etwas andrücken.

Die Backform mit der Hälfte der weichen Butter ausstreichen. Kartoffelmaultaschen nebeneinander hineinlegen und mit der restlichen Butter bestreichen. Zucker-Zimt-Mischung darüberstreuen.

Den Backofen auf 220 °C vorheizen und die Maultaschen circa 45 Minuten backen.

Kartoffelmaultaschen heiß servieren und gekühlte Vanillesauce dazu reichen.

Nährwerte pro Portion	
Kilokalorien	*810*
Kilojoule	*3380*
Eiweiß/g	*15*
Kohlenhydrate/g	*121*
Fett/g	*25*
Ballaststoffe/g	*14*

Möhren-Käsekuchen

Den gebackenen Kuchen am besten 1 Tag lang ruhen lassen

einfach, braucht Zeit

12 Stück

1 kg Möhren
Salz
¼ l Milch
2 EL Zucker
7 Eier
250 g Butter
250 g geriebener Emmentaler
100 g Semmelbrösel
200 g Rosinen
1 Messerspitze geriebene Muskatnuß
1 TL Zimt
Butter und Mehl für die Form

Die Möhren waschen, schälen und in ca. 1 cm dicke Scheiben schneiden.

In Salzwasser ca. 30 Minuten kochen, bis sie weich sind. Abgießen und abkühlen lassen.

Die Möhren mit der Milch im Mixer pürieren.

Das Eigelb vom Eiweiß trennen und mit dem Zucker schaumig schlagen. Die Butter in kleine Stücke schneiden und unter die Eimasse arbeiten. Möhrenpüree, Käse, Semmelbrösel, Rosinen, Muskatnuß und Zimt zufügen und gut vermischen.

Eiweiß mit 1 Prise Salz sehr steif schlagen. Vorsichtig unter die Teigmasse heben.

Eine Springform mit 24 cm Durchmesser ausfetten und mit etwas Mehl bestäuben. Kuchenteig hineingeben und im vorgeheizten Backofen bei 220 °C circa 1 Stunde auf der zweiten Schiene von unten backen. Garprobe!

Den Kuchen 10 Minuten in der Form abkühlen lassen, dann auf ein Kuchengitter stürzen.

Nährwerte pro Portion	
Kilokalorien	*420*
Kilojoule	*1760*
Eiweiß/g	*13*
Kohlenhydrate/g	*25*
Fett/g	*28*
Ballaststoffe/g	*3,8*

REGISTER